모든 언어는 평등하다

지구상의 모든 언어는
인류 공동체 문명 발전의 발자취입니다.
힘이 센 나라의 언어라 해서 더 좋거나 더 중요한 언어가 아닌 것처럼,
많은 사람들이 쓰지 않는 언어라 해서 덜 좋거나 덜 중요한 언어는 아닙니다.

문화 다양성에 따른 언어 다양성은 인류가 서로 견제하고
긍정적인 자극을 주고받으며 소통, 발전할 수 있는 계기가 됩니다.
그러나 안타깝게도 현재 일부 언어가 '국제어'라는 이름 아래
전 세계 사람들에게 강요되고 있습니다.

언어평등의 꿈은 전 세계 모든 언어를 학습할 수 있는 어학 콘텐츠를
개발하는 것입니다. 어떠한 언어에도 우위를 주지 않고, 다양한 언어의 고유
가치를 지켜나가겠습니다. 누구나 배우고 싶은 언어를 자유롭게 선택해서
배울 수 있도록 더욱 정진하겠습니다.

언어평등은 문예림의 아날로그와 디지털을 아우르는
어학 콘텐츠 브랜드입니다.
56년째 언어 생각뿐.

언어평등 시리즈 첫걸음

언어평등은 누구나 평등하고 자유롭게 전 세계 모든 언어를 학습할 수 있도록 여러분과 함께 할 것입니다.

러시아어는 인도유럽어족의 동슬라브 어군에 속한 언어이며 슬라브어파의 언어 중 가장 많이 쓰이는 언어이며, 러시아의 공용어이기도 하다. 러시아어는 불가리아어, 리투아니아어, 라트비아어와도 유사하며, 동부 러시아어는 카자흐어나 위구르어의 영향도 소수로 받은 편이며, 그리스어, 라틴어, 폴란드어, 네덜란드어, 독일어, 프랑스어 등에서도 차용어를 들여왔다. 전 세계에서 2억 8천만 명이 러시아어를 쓰고, 이 가운데 1억 6천만 명이 러시아어를 모국어로 사용한다.

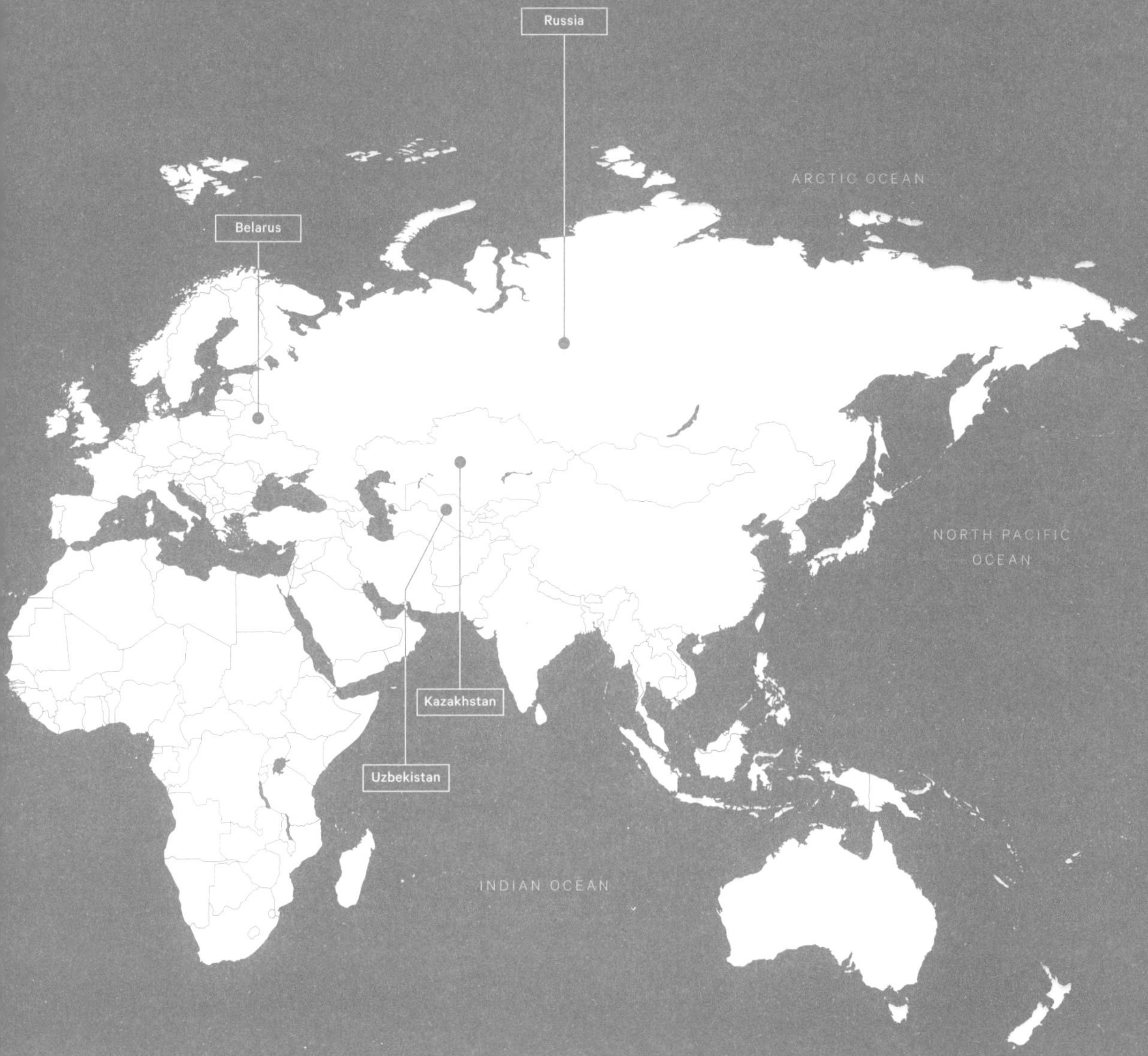

Russia
ARCTIC OCEAN
Belarus
NORTH PACIFIC OCEAN
Kazakhstan
Uzbekistan
INDIAN OCEAN

동영상 강의 시청하기

언어평등(www.EQlangs.com)에서 구매하면
해당 도서의 강의를 보실 수 있습니다.
저자가 알려주는 언어 이야기도 보실 수 있습니다.

MP3 다운로드 방법

1단계
언어평등(www.EQlangs.com) 사이트
고객센터 - 자료실 - MP3 들어오기

2단계
제목_______________에 찾고자 하는
도서명을 입력 후 검색하세요.

www.EQlangs.com

평등한 언어 세상을 위한 시작

러시아어 첫걸음

평등한 언어 세상을 위한 시작

러시아어 첫걸음

Начало мира равноправных языков

Языковое равенство - русский язык первые шаги

언어평등

평등한 언어 세상을 위한 시작

러시아어 첫걸음

초판 2쇄 인쇄 2022년 3월 8일
초판 2쇄 발행 2022년 3월 14일

지은이 이정민
펴낸이 서덕일
펴낸곳 언어평등

기획 서민우 **편집진행 및 교정** 조소영 **본문디자인** 문인주
표지디자인 박정호(TIDM) **부속디자인** 이유정 **오디오 녹음** 이니스닷컴
동영상 촬영 이큐스튜디오 **출력 및 인쇄** 천일문화사 **제본** 대흥제책

출판등록 2018.6.5 (제2018-63호)
주소 경기도 파주시 회동길 366 3층 (10881)
전화 (02) 499-1281~2 **팩스** (02) 499-1283
전자우편 eqlangs@moonyelim.com
홈페이지 www.EQlangs.com

ISBN 979-11-970617-4-5(03790)
값 15,000원

머리말

Prologue

러시아어는 한국인이 배우기 쉽지 않은 외국어이다. 모든 언어가 제각각 다른 이유로 어렵지만, 러시아어는 특히 이상하게 생긴 알파벳 때문에 더 어렵게 느껴진다. 나도 러시아어를 처음 배울 때 생소한 알파벳(키릴문자라고 한다)과 발음을 익히느라 고생했던 기억이 난다. 내가 가르쳤던 학생들 역시 이러한 이유로 러시아어를 어려워했다. 그런데 러시아어를 오랫동안 배운 학생들에게 키릴문자가 어렵냐고 물어보면 그들은 이렇게 대답한다.

"며칠만 고생하면 아무것도 아니죠."
여러분이 큰 벽으로 느끼는 문자나 발음은 사실 큰 문제가 아니다. 그 뒤에 따라오는 무시무시한 문법 역시 이 책으로 공부한다면 여러분은 "어라, 생각보다 쉽잖아?"라는 생각을 하게 될 것이다. 러시아어 명사의 성(gender)은 형태적으로 독일어나 프랑스어에 비해 구분하기 쉽고, 동사 시제는 영어보다 훨씬 간단하며, 중국어와 같은 성조도 없고, 어순이 자유로워서 대충 나열하면 문장이 완성된다!

이 책은 러시아어에 대한 마음의 벽을 단단히 세운 학습자들을 위해 쓴 책이다. 따라서 쉽고 간단한 일상회화로 구성하였으며 한국어와 영어 구문을 비교하여 이해를 도왔다. 물론 러시아어로 자유롭게 읽고, 쓰고, 말하기까지는 더 많은 노력이 필요하겠지만 적어도 이 책을 공부하고 나면 여러분 마음속의 벽은 허물어지리라 믿는다.

"Learn a new language, get a new soul."
체코 속담에 따르면, 새로운 언어를 배우면 새로운 영혼을 얻는다고 한다. 나 역시도 러시아어를 배우면서 새로운 영혼을 얻었다고 자부한다. 이 즐거운 경험을 평등하게 나누고자 하는 마음으로 언어평등 프로젝트를 만들고, 집필이라는 소중한 기회를 제공해주신 문예림 관계자분들께 감사드린다.

또한 이 책이 만들어지기까지 도움을 주신 지도교수 권경준 교수님을 비롯한 많은 선생님과, 길거리와 바에서 러시아어를 가르쳐줬던 원어민 친구들, 가르친 것보다 더 많이 배우게 해준 제자들 그리고 묵묵히 응원해준 가족에게 감사를 전하고 싶다.

이정민

이 책의 구성 및 학습법

АЛФАВИТ И ПРОИЗНОШЕНИЕ 알파벳과 발음

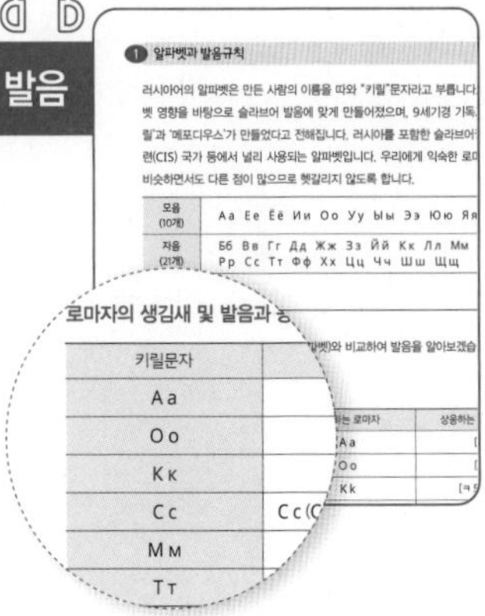

문자는 2차적인 기억의 시스템이다

알파벳부터 발음과 강세, 규칙, 쓰기 연습을 통해 문자를 학습하며 개괄적인 언어에 대해 설명합니다. 낯선 문자에 대해 확실하게 반복 연습하는 것이 중요합니다.

ДИАЛОГ 회화

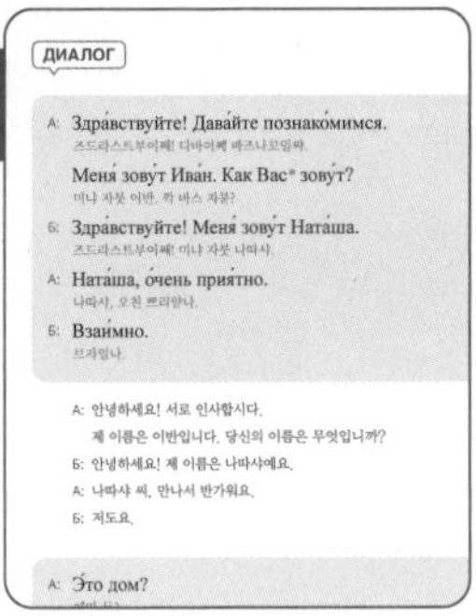

경청은 지혜의 특권이다

각 강의 학습 내용에 기본이 되는 대화문을 상황별로 소개합니다. 초보자의 학습에 도움이 되도록 7강까지는 한국어 독음을 표기하였습니다.

СЛОВАРЬ 어휘

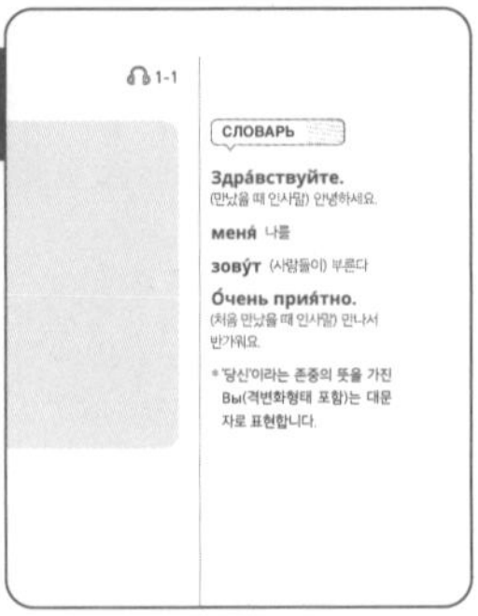

단어의 이미지는 견고하다

각 강의 상황별 대화문에 등장하는 어휘를 정리하였습니다. 이미지를 연상하면서 어휘를 기억하도록 합니다.

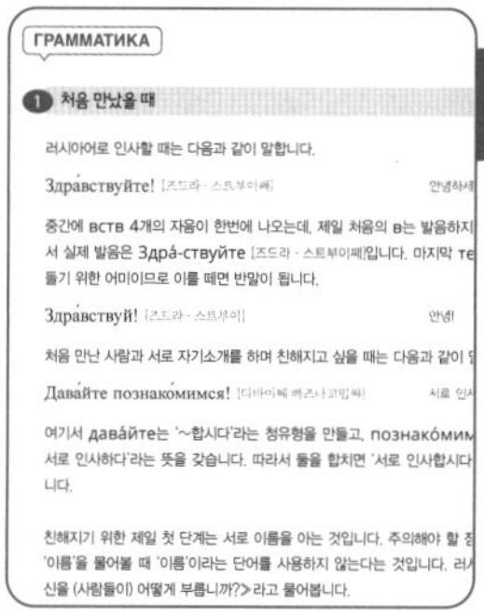

ГРАММАТИКА 문법

언어의 품사를 품다

핵심 문법 사항을 공부하고, 문법과 관련된 예문을 통해 이해와 문장 활용 능력을 키웁니다.

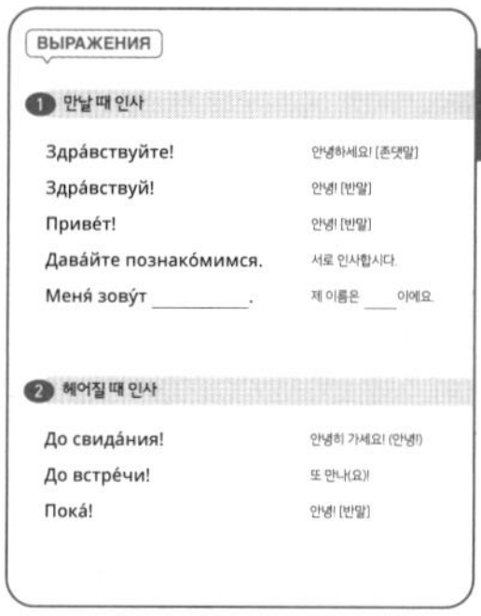

ВЫРАЖЕНИЯ 구문

인류는 소통했기에 생존하였다

각 강에서 학습한 내용을 응용하여 말할 수 있는 다양한 문장을 제시하였습니다. 새로운 어휘와 구문을 통해 문장을 구성하는 응용력을 기릅니다.

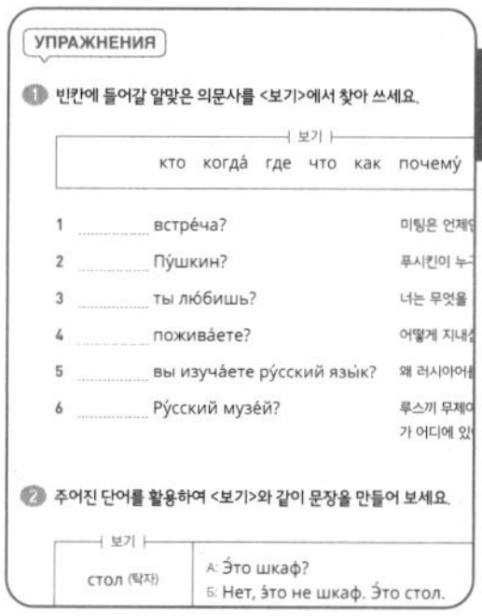

УПРАЖНЕНИЯ 연습 문제

말할 권리는 절대 옹호한다

각 강에서 학습한 내용을 정리합니다. 러시아어를 말할 수 있는지 스스로 확인하고 복습하도록 합니다.

차 례

- 머리말 ... 5
- 이 책의 구성 및 학습법 ... 6
- 준비학습 (알파벳, 발음규칙, 억양구조) ... 10

УРОК 01 인사 **Здра́вствуйте!** 안녕하세요! 20

УРОК 02 안부 **Как дела́?** 어떻게 지내? 26

УРОК 03 소유격 **Чей э́то телефо́н?** 이것은 누구의 휴대폰이니? 33

УРОК 04 소개 **Кто э́то?** 이 사람은 누구니? 43

УРОК 05 위치 묻기 **Где ты?** 너 어디에 있어? 51

УРОК 06 국적 **Вы говори́те по-ру́сски?** 당신은 러시아어로 말하나요? 62

УРОК 07 목적어 **Что ты смо́тришь?** 너는 무엇을 보고 있니? 71

Contents

УРОК 08 У меня́ есть брат.
가족 저에게는 남동생이 있어요. 81

УРОК 09 Я могу́ писа́ть по-ру́сски.
능력 러시아어로 쓸 수 있어요. 96

УРОК 10 Мо́жно сесть?
허락 앉아도 되나요? 104

УРОК 11 Что вы де́лали вчера́?
과거 어제 뭐 했어요? 113

УРОК 12 Как вы себя́ чу́вствуете?
병원 몸 상태가 어때요? 125

УРОК 13 Я уже́ прочита́л.
동사의 상과 미래시제 나는 이미 다 읽었어. 137

УРОК 14 С днём рожде́ния!
축하 생일 축하해! 148

• 격변화 총정리 ... 164
• 해답 ... 166

준비학습

1 알파벳과 발음규칙

0-1

러시아어의 알파벳은 만든 사람의 이름을 따와 "키릴"문자라고 부릅니다. 그리스어 알파벳 영향을 바탕으로 슬라브어 발음에 맞게 만들어졌으며, 9세기경 기독교 선교사인 '키릴'과 '메포디우스'가 만들었다고 전해집니다. 러시아를 포함한 슬라브어권 국가와 구 소련(CIS) 국가 등에서 널리 사용되는 알파벳입니다. 우리에게 익숙한 로마자 알파벳과는 비슷하면서도 다른 점이 많으므로 헷갈리지 않도록 합니다.

모음 (10개)	Аа Ее Ёё Ии Оо Уу Ыы Ээ Юю Яя
자음 (21개)	Бб Вв Гг Дд Жж Зз Йй Кк Лл Мм Нн Пп Рр Сс Тт Фф Хх Цц Чч Шш Щщ
기호 (2개)	Ъъ Ьь

우리가 잘 알고 있는 로마자(영어 알파벳)와 비교하여 발음을 알아보겠습니다.

1 로마자의 생김새 및 발음과 동일

키릴문자	상응하는 로마자	상응하는 한국어 발음
А а	A a	[아]
О о	O o	[오]
К к	K k	[ㅋ 또는 ㄲ]
С с	C c (Center, city, cyber)	[ㅅ 또는 ㅆ]
М м	M m	[ㅁ]
Т т	T t	[ㅌ 또는 ㄸ]

2 로마자와 생김새는 다르지만 발음이 동일

키릴문자	상응하는 로마자	상응하는 한국어 발음
И и	I i	[이]
Б б	B b	[ㅂ]
Г г	G g	[ㄱ]
Д д	D d	[ㄷ]
Л л	L l	어미의 [ㄹ]

П п	P p	[ㅍ 또는 ㅃ]
Ф ф	F f	-
З з	Z z	-

3 로마자와 생김새는 같지만 발음이 다름

* 중요 헷갈릴 위험이 높습니다.

키릴문자	상응하는 로마자 또는 발음	상응하는 한국어 발음
Е е	[ye]	[예]
В в	V v	-
Н н	N n	[ㄴ]
Р р	R r	부드럽게 혀를 굴리는 [ㄹ]
У у	U u	[우]
Х х	[kh]	목을 살짝 긁으며 [ㅋㅎ]
Ш ш	[sh] (cash)	-

4 새로운 모양과 발음

키릴문자	상응하는 로마자 또는 발음	상응하는 한국어 발음
Ё ё	[yo]	[요]
Ы ы	[y] (gym)	[의]를 단모음처럼 발음
Э э	[e] (energy)	[에]
Ю ю	[yu]	[유]
Я я	[ya]	[야]
Ж ж	[ʒ] (beige)	-
Й й	[j] (play)	짧게 [이]
Ц ц	[ts] (cats)	[ㅉ]
Ч ч	[ch] (chair)	[ㅊ]
Щ щ	[sh'] (ship)	-

*ъ과 ь는 자모가 아니라 발음부호이므로 뒤에서 자세히 다루겠습니다.

2 키릴문자의 필기체

러시아어 필기체는 읽기 어렵기로 악명이 높습니다. 그러나 러시아인들은 필기 시 활자체를 쓰지 않으므로 활자체와 필기체 모두에 익숙해지도록 훈련해야 합니다.

А а	*Аа*	a
Б б	*Бб*	b
В в	*Вв*	v
Г г	*Гг*	g
Д д	*Дд*	d
Е е	*Ее*	ye
Ё ё	*Ёё*	yo
Ж ж	*Жж*	zh
З з	*Зз*	z
И и	*Ии*	i
Й й	*Йй*	j

К к	*Кк*	k
Л л	*Лл*	l
М м	*Мм*	m
Н н	*Нн*	n
О о	*Оо*	o
П п	*Пп*	p
Р р	*Рр*	r
С с	*Сс*	s
Т т	*Тт*	t
У у	*Уу*	u
Ф ф	*Фф*	f

Х х	*Хх*	x
Ц ц	*Цц*	ts
Ч ч	*Чч*	ch
Ш ш	*Шш*	sh
Щ щ	*Щщ*	sh:
Ъ ъ	*ъ*	
Ы ы	*ы*	ui
Ь ь	*ь*	
Э э	*Ээ*	e
Ю ю	*Юю*	yu
Я я	*Яя*	ya

3 쓰기 연습

А а	
Б б	
В в	
Г г	
Д д	
Е е	
Ё ё	
Ж ж	
З з	
И и	
Й й	

К к	К к
Л л	Л л
М м	М м
Н н	Н н
О о	О о
П п	П п
Р р	Р р
С с	С с
Т т	Т т
У у	У у
Ф ф	Ф ф
Х х	Х х

Ц ц	Ц ц
Ч ч	Ч ч
Ш ш	Ш ш
Щ щ	Щ щ
Ъ ъ	ъ
Ы ы	ы
Ь ь	ь
Э э	Э э
Ю ю	Ю ю
Я я	Я я

4 러시아어 발음규칙

1 문자체계

모음	경모음	а ы у э о
	연모음	я и ю е ё
자음		б в г д ж з й к л м н п р с т ф х ц ч ш щ
부호		ь ъ

2 경모음과 연모음의 대응 관계

한국어의 'ㅏ'와 'ㅑ'처럼 단모음과 이중모음이 짝을 이루는 것과 같이 러시아어도 경모음과 연모음이 짝을 이룹니다.

경모음	한국어식 발음	연모음	한국어식 발음
А а	ㅏ	Я я	ㅑ
Ы ы	ㅢ를 단모음으로	И и	ㅣ
У у	ㅜ	Ю ю	ㅠ
Э э	ㅔ	Е е	ㅖ
О о	ㅗ	Ё ё	ㅛ

3 러시아어 읽기

러시아어는 쓰인 대로 읽으면 됩니다. 하나의 단어에는 하나의 강세가 있으며, 성, 수, 격에 따라 달라질 수 있습니다. 철자가 같은 단어라도 강세에 따라 의미가 달라지므로 주의해야 합니다.

4 모음 약화

0-2

하나의 단어가 여러 음절(모음)로 이루어진 경우, 한 음절은 강세를 받지만 나머지 음절은 강세가 없습니다. 이때, 강세가 있는 모음은 강하고 길게 발음하는 반면, 나머지 음절은 아래와 같이 '모음 약화'하여 발음합니다.

1) 강세 없는 a와 o

위치	발음	예시
강세 바로 앞자리	[아]처럼	окнó Аллó
나머지 자리	[어]처럼	хорошó сáхар

2) 강세 없는 я와 e

위치	발음	예시
단어 맨 끝	살짝 약하게	недéля мóре
나머지 자리	[이]처럼	веснá язы́к

3) Ë(ë)는 항상 강세를 갖기 때문에 나머지 모음을 약화시킵니다.

ещё [이쇼] бельё [빌리요] серьёзно [시리요즈나]

5 자음의 음운규칙

한국어에 평음(ㅂ) – 격음(ㅍ) – 경음(ㅃ)의 구별이 있는 것처럼 러시아어에도 유성음과 무성음의 대립이 있습니다. 유성음은 발음할 때 성대가 울리며, 반대로 무성음은 성대가 울리지 않습니다. 목울대에 손가락을 대고 [b]와 [p]를 발음해 보면, 유성음인 [b]를 발음할 때는 미세한 떨림이 느껴지지만, 무성음인 [p]는 그렇지 않습니다. 아래 표를 보고 각각 대응하는 짝을 알아두기 바랍니다.

유성자음	б в г д ж з	-	л м н р
무성자음	п ф к т ш с	х ц ч щ	-

여기서 색으로 표시한 알파벳은 아주 중요합니다. 왜냐하면 아래와 같은 상황(음운규칙)에서 서로 교환되며 발음하기 때문입니다.

1) 어말 무성음화: 단어 끝에 오는 유성자음은 항상 대응하는 무성자음으로 발음한다.

хлéб [хлеп] снéг [снек]
Кúев [киеф] раз [рас]
муж [муш] лёд [лёт]

2) 유무 → 무무: 유성음과 무성음이 만나면 앞의 유성음이 무성음이 된다.

ска́зка [скаска]　　вкус [фкус]
ло́жка [лошка]　　вто́рник [фторник]

3) 무유 → 유유: 무성음과 유성음이 만나면 앞의 무성음이 유성음이 된다.

футбо́л [фудбол]　　сбо́р [збор]
экза́мен [игзамин]　　Как дела́ [кагдила]

6 경음부호(ъ)와 연음부호(ь)

경음부호 ъ	단어의 앞부분과 뒷부분을 띄어서 읽습니다. **съесть** [쓰:예스찌]　**подъём** [빠드:욤]
연음부호 ь	앞 자음이 연자음임을 나타냅니다. 살짝 [i]처럼 발음합니다. **мать** [마찌]　**то́лько** [똘리까]　**семья́** [씨미야]

7 구개음화

'구개음화'란 구개음이 아닌 음이 후행하는 모음의 영향으로 구개음처럼 발음되는 현상을 말합니다. 국어에서 '같이'를 [가치], '굳이'를 [구지]로 발음하는 예가 이에 해당합니다. 러시아어에도 마찬가지로 구개음화 현상이 나타납니다. 치음인 **д**, **т** 뒤에 연음부호 또는 연모음이 오면 [**д**] 대신 [**з**], [**т**] 대신 [**ц**]와 비슷하게 발음됩니다.

예시 단어	틀린 발음 (×)	바른 발음 (○)	뜻
дя́дя	[댜댜]	[쟈쟈]	삼촌
тигр	[띠그르]	[찌그르]	호랑이
тётя	[뚀땨]	[쬬쨔]	이모
де́ло	[델라]	[젤라]	일
гость	[고스뜨]	[고스찌]	손님

5 억양구조

0-3

구분	종류	설명	예문
ИК 1	평서문	보통 높이로 시작했다가 문장 끝에서 아래로 떨어집니다.	Это стóл. Он там.
ИК 2	의문사가 있는 의문문	의문사의 강세에서 최고점을 찍고 문장 끝에서 아래로 떨어집니다.	Кто э́то? Что вы дéлаете?
ИК 3	의문사가 없는 의문문	궁금한 단어('책상'입니까?, 날씨가 '좋습니까'?)의 강세에서 최고점을 찍고 나머지는 내립니다.	Это стóл? Погóда хорóшая?
ИК 4	접속사 a가 있는 의문문 (부가의문문)	부가의문문의 끝을 올립니다.	Меня́ зовýт А́нна. А вас?
ИК 5	감탄문	첫 단어 강세에서 억양을 올렸다가 마지막 단어의 강세까지 유지한 뒤 어미에서 떨어집니다.	Какóе си́нее нéбо! Кака́я прекра́сная погóда!

УРОК 01

인사 안녕하세요!

Здра́вствуйте!

ДИАЛОГ

1-1

A: Здра́вствуйте! Дава́йте познако́мимся.
즈드라스트부이쩨! 다바이쩨 빠즈나꼬밈쌰.

Меня́ зову́т Ива́н. Как Вас* зову́т?
미냐 자붓 이반. 깍 바스 자붇?

Б: Здра́вствуйте! Меня́ зову́т Ната́ша.
즈드라스트부이쩨! 미냐 자붓 나따샤.

A: Ната́ша, о́чень прия́тно.
나따샤, 오친 쁘리얀나.

Б: Взаи́мно.
브자임나.

A: 안녕하세요! 서로 인사합시다.
제 이름은 이반입니다. 당신의 이름은 무엇입니까?

Б: 안녕하세요! 제 이름은 나따샤예요.

A: 나따샤 씨, 만나서 반가워요.

Б: 저도요.

A: Э́то дом?
에따 돔?

Б: Да, э́то дом.
다, 에따 돔.

A: А э́то кни́га?
아 에따 끄니가?

Б: Нет, э́то журна́л.
니옐, 에따 쥬르날.

A: 이것은 집입니까?

Б: 네, 이건 집이에요.

A: 그렇다면 이것은 책입니까?

Б: 아니요, 이건 잡지입니다.

СЛОВАРЬ

Здра́вствуйте.
(만났을 때 인사말) 안녕하세요.

меня́ 나를

зову́т (사람들이) 부른다

О́чень прия́тно.
(처음 만났을 때 인사말) 만나서 반가워요.

* '당신'이라는 존중의 뜻을 가진 Вы(격변화형태 포함)는 대문자로 표현합니다.

э́то 이것/이 사람

дом 집

Да 네

кни́га 책

Нет 아니요

журна́л 잡지

ГРАММАТИКА

1 처음 만났을 때

러시아어로 인사할 때는 다음과 같이 말합니다.

Здра́вствуйте! [즈드라 - 스트부이쩨] 안녕하세요!

중간에 вств 4개의 자음이 한번에 나오는데, 제일 처음의 в는 발음하지 않습니다. 따라서 실제 발음은 Здрá-ствуйте [즈드라 - 스트부이쩨]입니다. 마지막 те는 존댓말을 만들기 위한 어미이므로 이를 떼면 반말이 됩니다.

Здра́вствуй! [즈드라 - 스트부이] 안녕!

처음 만난 사람과 서로 자기소개를 하며 친해지고 싶을 때는 다음과 같이 말합니다.

Дава́йте познако́мимся! [다바이쩨 빠즈나꼬밈쌰] 서로 인사합시다!

여기서 давáйте는 '~합시다'라는 청유형을 만들고, познакóмимся는 '(우리가) 서로 인사하다'라는 뜻을 갖습니다. 따라서 둘을 합치면 '서로 인사합시다'라는 문장이 됩니다.

친해지기 위한 제일 첫 단계는 서로 이름을 아는 것입니다. 주의해야 할 점은, 러시아어로 '이름'을 물어볼 때 '이름'이라는 단어를 사용하지 않는다는 것입니다. 러시아어로는 ≪당신을 (사람들이) 어떻게 부릅니까?≫라고 물어봅니다.

Как	Вас	зовýт?
어떻게	당신을	(사람들이) 부릅니까?

Как Вас зову́т? [깍 바스 자붇] 당신의 이름은 무엇입니까?

당연히 대답할 때도 ≪(사람들은) 나를 ~라고 부릅니다.≫라고 합니다.

Менá	зовýт	Ивáн.
나를	(사람들이) 부릅니다	이반(이라고).

Меня́ зову́т Ива́н. [미냐 자붇 이반] 제 이름은 이반이에요.

Меня́ зову́т Ната́ша. [미냐 자붇 나따샤] 제 이름은 나따샤예요.

마지막으로, 만나서 반갑다는 표현과 대답은 다음과 같이 말합니다.

О́чень прия́тно. [오친 쁘리야나] 만나서 반갑습니다.

Взаи́мно. [브자임나] 저도요.

2 Э́то 이것/이 사람

물건이나 사람을 소개할 때, э́то라는 대명사를 사용합니다. 대상이 사람인지, 사물인지 또는 멀리 있는지, 가까이 있는지는 중요하지 않습니다. 우리에게 익숙한 영어와의 차이점을 통해 살펴보겠습니다.

구분	이것은	입니다	책	차이점
영어	This	is	a book.	be동사와 관사
러시아어	э́то	(현재시제에서 생략)	кни́га.	

Э́то Ма́ша. [에따 마샤] 이 사람은(이분은) 마샤입니다.

Э́то слова́рь. [에따 슬라바리] 이것은 사전입니다.

Э́то университе́т. [에따 우니베르시쩨트] 이것은 대학교입니다.

반면, ≪이것은 ~가 아니다.≫라는 뜻을 나타내기 위해서는 не를 붙입니다.

이것은	아니	입니다	책
э́то	не	(현재시제에서 생략)	кни́га.

Э́то **не** Ма́ша. [에따 니 마샤] 이 사람은(이분은) 마샤가 아닙니다.

Э́то **не** слова́рь. [에따 니 슬라바리] 이것은 사전이 아닙니다.

Э́то **не** университе́т. [에따 니 우니베르시쩨트] 이것은 대학교가 아닙니다.

3 질문하기

의문문에는 두 가지 종류가 있습니다. 의문사(언제, 어디서, 무엇을 등)가 있는 의문문과 의문사가 없는 의문문의 차이점을 표로 확인해 보겠습니다.

лекция 수업
вокзал 기차역
так (부사) 그렇게

1) 의문사가 있는 의문문

Как Вас зову́т?
[깍 바스 자붇]

의문사가 있는 경우 '의문사'에 억양을 높여서 읽습니다. 한국어처럼 어미를 올리면 어색해지므로 주의합니다.

| 의문사의 종류 |

누가	언제	어디서	무엇을(무엇이)	어떻게	왜
кто	когда́	где	что	как	почему́

의문사 중, 의문대명사에 속하는 кто와 что는 격에 따라 변화합니다.

Кто э́то? [크또 에따] 이 사람은 누구입니까?
Когда́ ле́кция? [까그다 롁찌야] 수업은 언제입니까?
Где вокза́л? [그제 바그잘] 기차역은 어디에 있습니까?
Что э́то? [쉬또 에따] 이것은 무엇입니까?
Как вас зову́т? [깍 바스 자붇] 당신을 어떻게 부릅니까? (이름이 무엇입니까?)
Почему́ так? [빠치무 딱] 왜 그렇습니까?

2) 의문사가 없는 의문문

의문사가 없는 경우 특별한 변화 없이 평서문에서 억양을 바꿈으로써 의문문을 만들 수 있습니다.
이것이 '책'인지 아닌지가 궁금한 것이므로 '책'이라는 단어 книга의 강세 부분을 강하게 올리면 의문문이 만들어집니다.

Э́то кни́га?
[에따 크니-가]

반면, 중요한 단어의 강세를 살짝 내려서 평서문을 만들 수 있습니다.

Э́то кни́га.
[에따 크니-가]

ВЫРАЖЕНИЯ

1 만날 때 인사

Здра́вствуйте! 안녕하세요! [존댓말]

Здра́вствуй! 안녕! [반말]

Приве́т! 안녕! [반말]

Дава́йте познако́мимся. 서로 인사합시다.

Меня́ зову́т ________. 제 이름은 ____ 이에요.

2 헤어질 때 인사

До свида́ния! 안녕히 가세요! (안녕!)

До встре́чи! 또 만나(요)!

Пока́! 안녕! [반말]

УПРАЖНЕНИЯ

1 빈칸에 들어갈 알맞은 의문사를 <보기>에서 찾아 쓰세요.

보기

кто когда́ где что как почему́

встре́ча 미팅, 만남
люби́ть 사랑하다, 좋아하다
пожива́ть 지내다
изуча́ть 공부하다
ру́сский язы́к 러시아어
музе́й 박물관

1	________ встре́ча?	미팅은 언제인가요?
2	________ Пу́шкин?	푸시킨이 누구입니까?
3	________ ты лю́бишь?	너는 무엇을 좋아하니?
4	________ пожива́ете?	어떻게 지내십니까?
5	________ вы изуча́ете ру́сский язы́к?	왜 러시아어를 배우나요?
6	________ Ру́сский музе́й?	루스끼 무제이(러시아 박물관)가 어디에 있어요?

2 주어진 단어를 활용하여 <보기>와 같이 문장을 만들어 보세요.

보기

стол (탁자)	А: Э́то шкаф? Б: Нет, э́то не шкаф. Э́то стол.

шко́ла 학교
вода́ 물
планше́т 태블릿
рюкза́к 배낭

1 Иван (사람 이름) А: Э́то А́нна?
Б: ________________

2 дом (집) А: Э́то шко́ла?
Б: ________________

3 кофе (커피) А: Э́то вода́?
Б: ________________

4 телефон (휴대폰) А: Э́то планше́т?
Б: ________________

5 сумка (핸드백) А: Э́то рюкза́к?
Б: ________________

УРОК 02

안부 어떻게 지내?

Как дела́?

ДИАЛОГ

2-1

А: Приве́т, Ди́ма! Как дела́?
쁘리비엣, 지마! 깍 질라?

Б: Всё хорошо́. Как твои́ дела́?
프쑈 하라쇼. 깍 뜨바이 질라?

А: Норма́льно.
나르말나.

А: 안녕, 지마! 어떻게 지내?
Б: 다 좋아. 너는 어떻게 지내?
А: 평범해.

А: Кто э́то?
크또 에따?

Б: Э́то Есе́нин.
에따 예쎄닌.

А: Кто он?
크또 온?

Б: Он - ру́сский поэ́т.
온 루스끼빠에트.

А: 이 사람은 누구니?
Б: 예쎄닌이야.
А: 그 남자는 뭐 하는 사람이니?
Б: 그 남자는 러시아 시인이야.

СЛОВАРЬ

Как дела́? (안부 묻기) 어떻게 지내?

всё 모두

хорошо́ 좋다

твой 너의

Норма́льно 괜찮아, 평범해

кто (의문사) 누구

он (대명사) 그 남자

ру́сский 러시아의

поэ́т 시인

ГРАММАТИКА

1 안부 묻기

한국인들은 보통 만나면 밥을 먹었는지 물어봅니다. 이는 상대방에 대한 관심의 표현이자, 대화를 시작하는 좋은 방법이기도 합니다. 러시아어로 안부를 묻는 인사인 ≪Как дела?≫ [깍 질라]를 직역하면 아래와 같습니다.

Как	делá?
어때	일들이?

(당신 주변의) 일들이 어떻게 진행되고 있는지를 묻는 표현으로, 상대방과의 친분에 따라 твои(너의), Ваши(당신의) 등 소유격을 넣을 수 있습니다.

Как твои́ делá? [깍 뜨바이 질라] (너의) 일들이 어때? = 어떻게 지내? [반말]

Как Вáши делá? [깍 바쉬 질라] (당신의) 일들이 어때요? = 어떻게 지내요? [존댓말]

상대방이 이렇게 질문한다면 다음과 같이 대답할 수 있습니다.

Отли́чно, а ты? [아뜰리치나, 아 띄] 아주 좋아, 너는?

Хорошó, а Вы? [하라쇼, 아 븨] 좋아요, 당신은요?

여기서 a는 화제를 전환하는 접속사입니다. '나'에 대한 이야기는 끝났으니 '너'에 대한 이야기를 해보라는 신호라고 할 수 있습니다. 나의 안부를 물어보았다면 나도 상대방에 대한 관심을 표현해야 합니다.

2 의문사 кто와 что

≪이 사람은 누구입니까?≫를 묻기 위해서는 영어의 who처럼 의문사 кто [크또]를 사용합니다.

Кто э́то? [크또 에따]	누구입니까 + 이 사람은?

이 질문에 대한 대답은 다음과 같습니다.

Э́то Алексе́й Серге́евич Пу́шкин. [에따 알렉세이 세르게예비치 뿌시킨]
이 사람은 알렉세이 세르게예비치 뿌시킨입니다.

Э́то ма́ма. [에따 마마] 이 사람은 엄마입니다.

Э́то соба́ка*. [에따 사바까] 이것은 강아지입니다.

* 동물도 кто를 사용합니다.

사물을 묻기 위해서는 영어의 what처럼 의문사 что [쉬또]를 사용합니다.

Что э́то? [쉬또 에따]	무엇입니까 + 이것은?

이 질문에 대한 대답은 다음과 같습니다.

Э́то ру́чка. [에따 루치까] 이것은 펜입니다.

Э́то Росси́я. [에따 라씨야] 이것은 러시아입니다.

Э́то компью́тер. [에따 깜쀼떼르] 이것은 컴퓨터입니다.

3 인칭대명사

구분	단수	복수
1인칭	я (나)	мы (우리)
2인칭	ты (너) вы (당신-존댓말)	вы (너희들/당신들)
3인칭	он (남성)	они́ (그들)
	она́ (여성)	
	оно́ (중성)	

Я спортсме́н. [야 스빠르뜨멘] 저는 운동선수입니다.

Ты студе́нт? [띄 스뚜젠뜨] 너는 학생이니?

Вы писа́тель? [븨 삐싸쪨] 당신은 작가입니까?

Она́ актри́са. [아나 악뜨리싸] 그녀는 배우입니다.

4 Кто + 인칭대명사

의문사 кто와 인칭대명사를 결합하면 직업을 묻는 질문이 됩니다.

Кто Вы? [크또 븨] 당신의 직업은 무엇인가요?

Я перево́дчик. [야 뻬리본칙] 저는 통역사입니다.

Кто он? [크또 온] 그의 직업은 무엇이니?

Он инжене́р. [온 인쥐녜르] 그는 엔지니어야.

5 접속사 и

접속사 и는 ≪그리고≫라는 뜻으로, 두 가지 이상의 같은 품사인 단어 또는 문장을 나열할 때 사용합니다.

Это ру́чка **и** каранда́ш. [에따 루치까 이 까란다쉬]
이것은 펜과 연필이다.

Ди́ма **и** Же́ня друзья́. [지마 이 줴냐 드루지야]
지마와 제냐는 친구이다.

Он **и** она́ студе́нты. [온 이 아나 스뚜젠띄]
그와 그녀는 학생이다.

ВЫРАЖЕНИЯ

1 안부 묻기

Как делá? [깍 질라] — 어떻게 지내(요)?

Как ты поживáешь? = Как ты? [깍 띄 빠쥐바예쉬] [깍 띄] — 어떻게 지내? [반말]

Как Вы поживáете? = Как Вы? [깍 븨 빠쥐바예쩨] [깍 븨] — 어떻게 지내요? [존댓말]

2 안부 답하기

Прекрáсно. [쁘리끄라쓰나] — 훌륭해(요).

Хорошó. [하라쇼] — 좋아(요).

Нормáльно. [나르말나] — 평범해(요).

Всё в порядке. [프쇼 프빠랻꼐] — 모두 잘 되고 있어(요).

Ничегó. [니치보] — 그저 그래(요).

УПРАЖНЕНИЯ

Россия 러시아

работать (동사) 일하다

здесь (장소부사) 여기

1 빈칸에 들어갈 알맞은 인칭대명사를 넣으세요.

1 __________ студéнт. 저는 학생입니다.

2 __________ в Росси́и? 너는 러시아에 있니?

3 __________ рабóтают. 그들은 일한다.

4 __________ арти́ст. 그 남자는 예술가야.

5 Где __________? 당신은 어디에 있어요?

6 __________ здесь. 그녀는 여기에 있다.

2 주어진 직업명사를 참고하여 다음 질문에 대답해 보세요.

구분	남성	여성
학생(초, 중, 고)	шкóльник	шкóльница
대학생	студéнт	студéнтка
회사원	сотрýдник компáнии	
공무원	госслýжащий	госслýжащая
엔지니어	инженéр	
배우	актёр	актриса
예술가	арти́ст	
가수	пéвец	певи́ца
운동선수	спортсмéн	спортсмéнка
디자이너	дизáйнер	
화가	худóжник	
작가	писáтель	
음악가	музыкáнт	
경찰	полицейский	

1 A: Как делá? 어떻게 지내니?

B: ______________, ______________? 잘 지내, 너는?

A: Тóже хорошó. 나도 잘 지내.

2 Q: Кто Вы? 당신은 누구십니까(직업이 무엇입니까)?

A: ____

3 Q: Кто твоя́ мáма? 너희 어머니의 직업이 무엇이니?

A: ____

4 Q: Вы студéнт(студéнтка)? 당신은 대학생입니까?

A: ____

УРОК 03

소유격 이것은 누구의 휴대폰이니?

Чей э́то телефо́н?

ДИАЛОГ

3-1

СЛОВАРЬ

чей 누구의 (남성형)

телефо́н 휴대폰

су́мка 가방

моя́ 나의 (여성형)

Спаси́бо 고마워(요).

здесь 여기

А: Чей э́то телефо́н?
체이 에따 찔리폰?

Б: Э́то мой телефо́н.
에따 모이 찔리폰.

А: А чья э́то су́мка?
아 치야 에따 숨까?

Б: Ой, она́ то́же моя́. Спаси́бо.
오이, 아나 또줴 마야. 스빠씨바.

А: Где твои́ кни́ги?
그제 뜨바이 크니기?

Б: Они́ здесь.
아니 즈제스.

А: 이것은 누구의 휴대폰이니?

Б: 이것은 나의 휴대폰이야.

А: 그럼 이것은 누구의 가방이니?

Б: 아, 그것도 내 거야. 고마워.

А: 네 책들은 어디에 있니?

Б: 그것들은 여기에 있어.

ГРАММАТИКА

1 명사의 성

러시아어의 명사는 남성, 여성, 중성 세 가지 성으로 나눌 수 있습니다. 명사의 성은 단어의 어미를 통해 구분할 수 있습니다.

구분	어미	예시
남성명사	자음	**дом** [돔] 집
	й	**музéй** [무제이] 박물관
	ь(연음부호)	**словáрь** [슬라바리] 사전
여성명사	а	**кни́га** [크니가] 책
	я	**пéсня** [삐스냐] 노래
	ь(연음부호)	**плóщадь** [쁠로샤지] 광장
중성명사	о	**нéбо** [녜바] 하늘
	е	**мóре** [모례] 바다
	мя	**и́мя** [이먀] 이름

이 중, **-ь**으로 끝나는 단어는 남성명사일 수도, 여성명사일 수도 있으므로 새로운 단어를 만나면 사전을 찾아 확인하는 습관이 필요합니다.

남성명사	гость [고스찌] 손님
	день [젠] 낮
	рубль [루블] 루블(러시아의 화폐 단위)
여성명사	ночь [노치] 밤(night)
	вещь [볘쉬] 물건
	нóвость [노바스찌] 소식, 뉴스

〈예외〉

친족에 대한 명칭 중, -а 또는 -я로 끝나지만 남성명사인 경우가 있습니다.

남성 친족 명사	пáпа [빠빠] 아빠
	дéдушка [제두쉬까] 할아버지
	дя́дя [쟈쟈] 삼촌

반대로, 남성명사처럼 보이지만 의미상 여성명사로 취급하는 경우도 있습니다.

여성명사	мада́м [마담] 여성을 높여 부르는 말
	ле́ди [레지] 여성을 높여 부르는 말

-и, -у, -ю 등으로 끝나는 외래어는 중성명사로 취급합니다.

중성명사	такси́ [딱시] 택시
	шо́у [쇼우] 쇼
	меню́ [메뉴] 메뉴

*ко́фе [꼬페] '커피'는 오랜 시간 남성명사로 사용되었으나, 중성명사로도 취급합니다.

2 명사의 복수형

러시아어의 명사는 단수일 때는 남성, 여성, 중성으로 나누지만, 복수일 때는 성 구분을 하지 않습니다. 영어에서 '-s'를 붙여 대부분의 복수형을 만들 듯이 러시아어도 어미를 바꾸어 복수형을 만듭니다.

| 단수형에서 복수형 만들기 |

구분	단수형 어미	단수형	복수형 어미	복수형	뜻
남성	자음	фильм	ы	фи́льмы	영화들
	й	музе́й	и	музе́и	박물관들
	ь	слова́рь	и	словари́	사전들
여성	а	маши́на	ы	маши́ны	자동차들
	я	пе́сня	и	пе́сни	노래들
	ь	тетра́дь	и	тетра́ди	공책들
중성	о	окно́	а	о́кна	창문들
	е	зда́ние	я	зда́ния	건물들
	мя	и́мя	мена	имена́	이름들

영어의 pants, glasses처럼 러시아어에도 반드시 복수형으로 써야 하는 단어가 있습니다.

очки́ [아치끼]	안경	брю́ки [브류끼]	바지	джи́нсы [쥔씌]	청바지
часы́ [최씌]	시계	но́жницы [노쥐니찌]	가위	де́ньги [젠기]	돈

반면, 아래의 명사는 복수형으로 쓰지 않습니다.

одéжда [아제쥐다]	(집합명사) 옷	óбувь [오부f]	(집합명사) 신발
любóвь [류보f]	(추상명사) 사랑	мукá [무까]	(물질명사) 밀가루
пальтó [빨또]	(외래어) 외투	серьё [씨리요]	(집합명사) 원료

| 7개 자음의 후행 모음교체 |

러시아어 자음 중, 아래 7개 자음은 뒤에 오는 모음을 제한합니다.

자음	후행할 수 없는 모음	대체 모음
к, г, х, ч, ж, ш, щ	ы	и
	я	а
	ю	у

때문에 다음 단어들의 복수형을 만들 때는 주의해야 합니다.

단수	복수		뜻
	X	O	
урó**к** [우록]	урок**ы**	урó**ки** [우로끼]	수업(들)
кни́**га** [크니가]	книг**ы**	кни́**ги** [크니기]	책(들)
учи́лищ**е** [우칠리셰]	училищ**я**	учи́лищ**а** [우칠리샤]	전문학교(들)

| 불규칙 복수형 |

형태	단수	복수	뜻
남성명사 -а 복수형	дом [돔]	домá [다마]	집
	гóрод [고라트]	городá [가라다]	도시
	глаз [글라스]	глазá [글라자]	눈(eyes)
남성명사 -ья 복수형	друг [드루크]	друзья́ [드루지야]	친구
	сын [씐]	сыновья́ [씌나비야]	아들
	брат [브라트]	брáтья [브라찌야]	형제
완전 불규칙	человéк [칠라벡]	лю́ди [류지]	사람
	ребёнок [리뵤낙]	дéти [제찌]	아이
여성명사 -ер- 복수형	мать [마찌]	мáтери [마찌리]	어머니
	дочь [도치]	дóчери [도치리]	딸

3 소유 묻기

어떠한 대상의 소유주를 물어볼 때는 영어의 whose처럼 '누구의'라는 의문사가 필요합니다. 이 의문사는 명사의 성에 따라 달라집니다.

구분	누구의	이것은	대상	의문 부호
남성	Чей	э́то	телефо́н	?
여성	Чья		су́мка	
중성	Чьё		пальто́	
복수	Чьи		словари́	

Чей э́то телефо́н? [체이 에따 찔리폰] 이것은 누구의 휴대폰입니까?

Чья э́то су́мка? [치야 에따 숨까] 이것은 누구의 가방입니까?

Чьё э́то пальто́? [치요 에따 빨또] 이것은 누구의 외투입니까?

Чьи э́то словари́? [치이 에따 슬라바리] 이것은 누구의 사전들입니까?

4 소유 답하기

'이것은 ~의 것이다'라고 대답하기 위해서는 아래와 같이 명사의 성에 따라 소유격을 사용합니다.

성·수 / 소유주의 인칭	남성	여성	중성	복수
나의	мо́й [모이]	моя́ [마야]	моё [돔마요]	мои [마이]
너의	твоя́ [뜨보이]	твоя́ [뜨바야]	твоё [뜨바요]	твои́ [뜨바이]
그 남자의	его́ [ivo]			
그 여자의	её [이요]			
우리의	наш [나쉬]	на́ша [나샤]	на́ше [나쉐]	на́ши [나쉬:]
당신(들)의	ваш [바쉬]	ва́ша [바샤]	ва́ше [바쉐]	ва́ши [바쉬:]
그들의	их [이흐]			

주의할 점은, 3인칭(그 남자, 그 여자, 그들)의 소유를 표현할 때 성과 수를 구분하지 않는다는 점입니다.

소유주의 인칭 \ 성·수	남성	여성	중성	복수
	телефóн (휴대폰)	маши́на (자동차)	здáние (건물)	маши́ны (자동차들)
나의	мой телефóн	моя́ маши́на	моё здáние	мои́ маши́ны
너의	твой телефóн	твоя́ маши́на	твоё здáние	твои́ маши́ны
그 남자의	егó телефóн	егó маши́на	егó здáние	егó маши́ны
그 여자의	её телефóн	её маши́на	её здáние	её маши́ны
우리의	наш телефóн	нáша маши́на	нáше здáние	нáши маши́ны
당신(들)의	ваш телефóн	вáша маши́на	вáше здáние	вáши маши́ны
그들의	их телефóн	их маши́на	их здáние	их маши́ны

5 접속사 а

접속사 а는 《그런데》 정도로 해석할 수 있으며, 비교하는 구문에서 사용합니다. 또한, 화제를 전환할 때도 사용합니다.

Э́то Большо́й теа́тр, **а** э́то Ма́лый теа́тр.
[에따 발쇼이 찌아뜨르, 아 에따 말르이 찌아뜨르]
이것은 볼쇼이 극장이고, 이것은 말르이 극장이에요.

Моя́ сестра́ – врач, **а** мой брат – бизнесме́н.
[마야 씨스뜨라 – 브라치, 아 모이 브라트 - 비즈니스멘]
우리 언니는 의사이고, 오빠는 사업가예요.

Э́то мой рюкза́к. **А** чья э́то су́мка?
[에따 모이 류크작. 아 치야 에따 숨까]
이것은 내 배낭이야. 근데 이 핸드백은 누구 거야?

А: Здра́вствуйте! Как дела́?
[즈드라스트부이쩨, 깍 질라]
안녕하세요! 어떻게 지내요?

Б: Хорошо́, **а** Вы?
[하라쇼, 아 븨]
좋아요, 당신은요?

ВЫРАЖЕНИЯ

1 감사 인사하기

Спаси́бо. 고마워(요).

[스빠시바]

Спаси́бо большо́е. 정말 고마워(요).

[스빠시바 발쇼예]

Благодарю́. 감사합니다.

[블라가다류]

2 감사 인사에 답하기

Пожа́луйста. 천만에요.

[빠좔루스따]

Не́ за что. 아무것도 아닙니다(별말씀을요).

[녜자쉬또]

УПРАЖНЕНИЯ

1 주어진 명사의 뜻과 성을 찾아보고, 빈칸을 채우세요.

단수형	뜻	명사의 성 (он/она/оно)	복수형
			имена
книга			
			братья
стол			
			города
врач			
			учебники
сестра			
			окна
письмо			
			лампы
ресторан			
			стаканы
слово			
			места
задание			
			песни
бизнесмен			
			карандаши
учитель			
			люди
аудитория			

2 빈칸에 들어갈 알맞은 단어를 넣으세요.

1 __________ э́то ру́чка? 이것은 누구의 펜입니까?

2 __________ э́то очки́? 이것은 누구의 안경입니까?

3 __________ э́то журна́л? 이것은 누구의 잡지입니까?

4 __________ э́то ме́сто? 이것은 누구의 자리입니까?

3 빈칸에 들어갈 알맞은 단어를 넣으세요.

1 Э́то __________ ру́чка. 이것은 그들의 펜입니다.

2 Э́то __________ очки́. 이것은 저의 안경입니다.

3 Э́то __________ журна́л. 이것은 그 여자의 잡지입니다.

4 Э́то __________ ме́сто. 이것은 우리의 자리입니다.

4 다음 문장을 작문해 보세요.

1 이것은 누구의 책(кни́га)입니까?

____

2 이것은 누구의 커피(ко́фе)입니까?

____

3 이 사람은 누구의 자매(сестра́)입니까?

____

4 이 사람은 누구의 형제(брат)입니까?

____

5 이것은 누구의 컵(стака́н)입니까?

____

6 이것은 그 남자의 교과서(уче́бник)입니다.

____

7 이것은 그 여자의 스카프(шарф)입니다.

8 이것은 우리의 사진(фóто)입니다.

9 이것은 그 여자의 향수(духи́)입니까?

10 이 사람은 누구의 엄마(мáма)입니까?

11 이 사람은 누구의 할아버지(дéдушка)입니까?

12 이 사람들은 누구의 친구들(друзья́)입니까?

УРОК 04

소개 이 사람은 누구니?

Кто э́то?

ДИАЛОГ

4-1

СЛОВАРЬ

фотогра́фия 사진
брат 형제
его́ 그 남자를
о́чень 정말
симпати́чный 매력적인

A: Кто э́то на фотогра́фии?
크또 에따 나 파따그라피이?
Б: Э́то мой бра́т.
에따 모이 브라트.
A: Как его́ зову́т?
깍 이보 자붇?
Б: Его́ зову́т Андре́й.
이보 자붇 안드레이.
A: Он о́чень симпати́чный! Кто он?
온 오친 씸빠찌치늬이! 크또 온?
Б: Он студе́нт.
온 스뚜젠트.

A: 사진 속에 이 사람은 누구니?
Б: 이 사람은 내 오빠(남자형제)야.
A: 그 남자의 이름이 뭐야?
Б: 그 남자의 이름은 안드레이야.
A: 그 남자는 참 매력적이구나! 그 남자는 직업이 뭐야?
Б: 학생이야.

како́й (의문사) 어떤
но́вый 새로운
коре́йский 한국의
пе́сня 노래
хоро́ший 좋은
интере́сный 흥미로운

A: Кака́я э́то пе́сня?
까까야 에따 삐예스냐?
Б: Э́то но́вая коре́йская пе́сня.
에따 노바야 까레이스까야 삐예스냐.
A: Эта пе́сня хоро́шая?
에따 삐예스냐 하로샤야?
Б: Да, она́ о́чень интере́сная.
다, 아나 오친 인쩨레스나야.

A: 이건 어떤 노래야?
Б: 이건 새로운 한국 노래야.
A: 이 노래 좋아?
Б: 응, (그것은) 아주 흥미로워.

ГРАММАТИКА

1 지시형용사/지시대명사

구분	남성	여성	중성	복수
이 ~	э́тот	э́та	э́то	э́ти
저 ~	тот	та	то	те

Э́тот телефо́н [에딸 찔리폰] 이 휴대폰

Э́та су́мка [에따 숨까] 이 가방

то пальто [또 빨또] 저 외투

те лю́ди [찌 류지] 저 사람들

지시형용사를 사용한 문장과 지시대명사 Это를 사용한 문장의 차이점을 살펴보겠습니다.

주어	서술어	해석
Э́тот телефо́н	но́вый.	이 휴대폰은 새 것이다.
Э́та су́мка	краси́вая.	이 가방은 아름답다.
То пальто́	твоё.	저 외투는 네 것이다.
Те лю́ди	весёлые.	저 사람들은 즐겁다.
Э́то	но́вый телефо́н.	이것은 새 휴대폰이다.
Э́то	краси́вая су́мка.	이것은 아름다운 가방이다.
Э́то	твоё пальто́.	이것은 너의 외투이다.
Э́то	весёлые лю́ди.	이 사람들은 즐거운 사람들이다.

Это는 성, 수, 사람 및 사물에 관계없이 모두 쓸 수 있는 대명사입니다. **Это**를 사용하면 대상의 특성보다는 '존재'가 더 부각됩니다. 반면, 지시형용사 **этот, эта, это, эти** 등을 사용하면 그 대상의 '특성'에 좀 더 집중됩니다. 큰 차이는 없으나 문장의 포커스가 약간 달라지는 것으로 이해하면 되겠습니다. 다음 대화를 참고하여 차이를 살펴보겠습니다.

Что э́то? [쉬또 에따] 이것(들)은 무엇입니까?

Э́то маши́ны. [에따 마쉬늬] 이것(들)은 자동차들입니다.

Кака́я маши́на но́вая? [까까야 마쉬나 노바야] 어떤 차가 새 것입니까?

Э́та маши́на но́вая, а та маши́на ста́рая. 이 차가 새 차고, 저 차는 헌 차예요.
[에따 마쉬나 노바야, 아 따 마쉬나 스따라야]

2 형용사

형용사는 명사를 수식하거나 서술하는 역할을 합니다. 러시아어의 형용사는 그 수식을 받는 명사의 성과 수(남성, 여성, 중성, 복수)에 일치시켜야 합니다. 형용사 어미는 의미와 상관없이 형태적으로 경변화 또는 연변화라는 두 개의 변화 형태를 갖습니다. 만약 어떤 형용사가 "경변화"하는 단어라면 모든 변화형에서 "경변화" 형태를 갖고, 만약 "연변화"하는 단어라면 모든 변화형에서 "연변화" 형태를 갖습니다.

구분	남성	여성	중성	복수
경변화	о́й ый	ая	ое	ые
연변화	ий	яя	ее	ие

구분	남성	여성	중성	복수	뜻
경변화	как**о́й**	как**а́я**	как**о́е**	как**и́е***	어떤
	больш**о́й**	больш**а́я**	больш**о́е**	больш**и́е***	큰
	ма́леньк**ий**	ма́леньк**ая**	ма́леньк**ое**	ма́леньк**ие**	작은
	но́в**ый**	но́в**ая**	но́в**ое**	но́в**ые**	새로운
	ста́р**ый**	ста́р**ая**	ста́р**ое**	ста́р**ые**	오래된
	краси́в**ый**	краси́в**ая**	краси́в**ое**	краси́в**ые**	아름다운
	ру́сск**ий***	ру́сск**ая**	ру́сск**ое**	ру́сск**ие***	러시아의
연변화	хоро́ш**ий**	хоро́ш**ая***	хоро́ш**ее**	хоро́ш**ие**	좋은
	све́ж**ий**	све́ж**ая***	све́ж**ее**	све́ж**ие**	신선한
	си́н**ий**	си́н**яя**	си́н**ее**	си́н**ие**	푸른
	горя́ч**ий**	горя́ч**ая***	горя́ч**ее**	горя́ч**ие**	뜨거운
	да́льн**ий**	да́льн**яя**	да́льн**ее**	да́льн**ие**	먼

* 표시가 있는 단어는 3과에서 배운 <7개 자음의 후행 모음규칙>이 적용된 예입니다.

3 인칭대명사로 사물 가리키기

2과에서 배웠던 인칭대명사 중, 3인칭 он, она, оно, они는 사람뿐만 아니라 사물에도 사용합니다.

구분	단수	복수
1인칭	я (나)	мы (우리)
2인칭	ты (너) вы (당신-존댓말)	вы (너희들/당신들)
3인칭	он (남성)	они́ (그들)
	она́ (여성)	
	оно́ (중성)	

Э́то Екатерини́нский дворе́ц. **Он** краси́вый.
[에따 예까쩨리닌스끼 드바례쯔. 온 끄라씨븨]
이것은 예카테리닌스키 궁전입니다. 이것은 아름답습니다.

Э́та пе́сня хоро́шая? - Да, **она́** о́чень интере́сная.
[에따 뻬스냐 하로샤야] [다, 아나 오친 인쩨레스나야]
이 노래 좋아? 응, 이건 정말 흥미로워.

Это на́ши маши́ны. **Они́** ма́ленькие и ста́рые.
[에따 나쉬 마쉬늬. 아니 말렌끼예 이 스따릐예]
이것은 우리의 자동차들이다. 그것들은 작고 낡았다.

4 접속사 или

접속사 или은 ≪또는≫, ≪아니면≫이라는 뜻으로, 두 개 이상의 대상 중에서 선택할 때 사용합니다.

Он писа́тель **и́ли** худо́жник? [온 삐싸쪨 일리 후도쥐닉]
그는 작가입니까 또는 화가입니까?

Э́та маши́на но́вая **и́ли** ста́рая? [에따 마쉬나 노바야 일리 스따라야]
이 자동차는 새 것입니까 아니면 오래된 것입니까?

Вы хоти́те ко́фе **и́ли** чай? [븨 하찌쩨 꼬페 일리 차이]
당신은 커피를 원하세요 아니면 차를 원하세요?

ВЫРАЖЕНИЯ

1 감탄하기

Како́й интере́сный фильм! 참 재미있는 영화구나!
[까꼬이 인쩨레스늬 필름]

Како́е большо́е зда́ние! 참 큰 건물이구나!
[까꼬예 발쇼예 즈다니예]

형용사 없이 како́й/кака́я/како́е만으로도 긍정적인 의미의 감탄문을 만들 수 있습니다.

Кака́я (хоро́шая) пого́да! 참 (좋은) 날씨구나!
[까까야 (하로샤야) 빠고다]

Како́й (хоро́ший) студе́нт! 참 (좋은) 학생이구나!
[까꼬이 (하로쉬이) 스뚜젠트]

2 다른 사람 소개하기

Кто э́то? [크또 에따] 이 사람은 누구니?

Э́то мо́й друг. [에따 모이 드루크] 이 사람은 내 친구(남자)야.

Как его́ зову́т? [깍 이보 자붇] 그 남자의 이름은 무엇이니? (그를 어떻게 부르니?)

Его́ зову́т Андре́й. [이보 자붇 안드레이] 그 남자의 이름은 안드레이야. (그를 안드레이라고 불러.)

* 밑줄 친 его́와 её는 ≪그 남자를≫, ≪그 여자를≫ 이라는 뜻의 목적격 형태입니다. (p.21 참고)

Кто он? [크또 온] 그 남자는 직업이 뭐니?

Он врач. [온 브라치] 그 남자는 의사야.

Кто э́то? [크또 에따] 이 사람은 누구니?

Э́то моя́ подру́га. [에따 마야 빠드루가] 이 사람은 내 친구(여자)야.

Как её зову́т? [깍 이요 자붇] 그 여자의 이름은 무엇이니?

Её зову́т Ири́на. [이요 자붇 이리나] 그 여자의 이름은 이리나야.

Кто она́? [크또 아나] 그 여자는 직업이 뭐니?

Она́ музыка́нт. [아나 무즤깐트] 그 여자는 음악가야.

УПРАЖНЕНИЯ

1 빈칸에 들어갈 알맞은 형용사를 <보기>에서 찾아 쓰세요. (성, 수에 따라 변화시킬 것)

보기

хоро́ший (좋은)	у́мный (똑똑한)	но́вый (새로운)
тала́нтливый (재능 있는)	си́ний (푸른)	большо́й (큰)
ста́рый (오래된)	бли́зкий (친밀한)	до́брый (친절한)

1 Кака́я ______________ пого́да!
정말 좋은 날씨구나!

2 Он ______________ студе́нт.
그는 똑똑한 학생이야.

3 Э́тот рестора́н ______________.
이 식당은 오래되었어.

4 Она́ ______________ музыка́нт.
그녀는 재능 있는 음악가야.

5 Вы ______________ друзья́!
당신들은 친밀한 친구들이군요!

6 Како́е ______________ не́бо!
정말 푸른 하늘이다!

7 Э́ти кни́ги ______________.
이 책들은 새로워.

8 Э́то ______________ кварти́ра.
이것은 큰 아파트이다.

9 Э́та учи́тельница ______________.
이 선생님(여성)은 친절하시다.

❷ 빈칸에 들어갈 알맞은 형용사를 넣으세요. (성, 수에 따라 변화시킬 것)

남성	여성	중성	복수
кра́сный цвет	______ пло́щадь	______ мо́ре	______ волосы́
빨간색	붉은 광장	홍해	빨간 머리카락
______ факт	______ исто́рия	______ кино́	интере́сные кни́ги
재미있는 사실	재미있는 역사	재미있는 영화	재미있는 책들
______ ве́тер	холодная войнá	______ се́рдце	______ напи́тки
차가운 바람	냉전	차가운 심장	차가운 음료

❸ 다음 문장을 작문해 보세요.

1 이 컴퓨터(компью́тер)는 정말(о́чень) 커.

______

2 이 치마(ю́бка)는 작아.

______

3 이것은 새 펜(ру́чка)이야.

______

4 정말 좋은 아파트(кварти́ра)구나!

______

5 너는 정말 똑똑한(у́мный) 아이(ребёнок)구나!

______

4 주어진 단어를 활용하여 <보기>와 같이 문장을 만들어 보세요. (성, 수에 따라 변화시킬 것)

보기

ру́сский (러시아의), бале́т (발레)

А: Како́й э́то бале́т? 이것은 어떤 발레입니까?

Б: Э́то ру́сский бале́т. 이것은 러시아 발레입니다.

1 чёрная (검은색의), футбо́лка (티셔츠)

А: ______________________________?

Б: ______________________________.

2 ма́ленький (작은), пода́рок (선물)

А: ______________________________?

Б: ______________________________.

3 дли́нный (긴), проспе́кт (대로)

А: ______________________________?

Б: ______________________________.

4 све́жий (신선한), мя́со (고기)

А: ______________________________?

Б: ______________________________.

5 широ́кий (폭이 넓은), брю́ки (바지)

А: ______________________________?

Б: ______________________________.

УРОК 05

위치 묻기 너 어디에 있어?

Где ты?

ДИАЛОГ

5-1

СЛОВАРЬ

Алло́ (전화받을 때) 여보세요

где́ 어디에

До́брый день (낮 인사) 안녕(하세요)

до́ма 집에

центр 중심가

Скажи́ (명령형) 이야기해줘

пожа́луйста (부탁할 때) 제발

сейча́с 지금

конце́рт 공연장, 콘서트

А: Алло́? Приве́т, Све́та. Где́ ты?
알로? 쁘리비옛, 스베따. 그제 띄?

Б: До́брый день, Ди́ма! Я до́ма.
도브릐 젠, 지마! 야 도마.

А: Где твой дом?
그제 뜨보이 돔?

Б: Он в це́нтре.
온 프쩬뜨례.

А: Скажи́, пожа́луйста. Где Анто́н?
스까쥐, 빠좔스따. 그제 안똔?

Б: Он сейча́с на конце́рте.
온 씨챠스 나깐쩨르쩨.

А: 여보세요? 안녕, 스베따. 너 어디에 있어?
Б: 안녕, 지마! 나 집이야.
А: 네 집은 어디에 있니?
Б: 집은 중심가에 있어.
А: 말 좀 해줘. 안똔은 어디에 있니?
Б: 안똔은 지금 콘서트장에 있어.

ГРАММАТИКА

1 러시아어의 애칭

러시아인 친구를 부를 때, 두 가지 방식으로 이름을 부를 수 있습니다. 친하지 않거나 격식을 차려야 하는 상황에서는 긴 이름을 부르고, 가족이나 친구 간에는 짧게 줄인 애칭으로 부릅니다.

남성 이름		여성 이름	
원래 이름	애칭	원래 이름	애칭
Па́вел	Па́ша	Ната́лья	На́стя
Евге́ний	Же́ня	Анастаси́я	На́стя/А́ся
Алекса́ндр	Са́ша	Алекса́ндра	Са́ша
Бори́с	Бо́ря	Татья́на	Та́ня
Пётр	Пе́тя	Викто́рия	Ви́ка
Ива́н	Ва́ня	А́нна	А́ня
Миха́йл	Ми́ша	Мари́я	Ма́ша
Влади́мир	Ди́ма	Екатери́на	Ка́тя
Ко́нстантин	Ко́стя	Еле́на	Ле́на
Дми́трий	Ди́ма	Гали́на	Га́ля

2 위치 묻기 의문사 где

러시아어로 ≪어디≫를 뜻하는 의문사는 где입니다.

Где ты? [그제 띄] 너 어디야?

Где моя́ су́мка? [그제 마야 쑴까] 내 가방 어디에 있니?

Где Большо́й Теа́тр? [그제 발쇼이 찌아뜨르] 볼쇼이 극장이 어디에 있나요?

Где ста́нция метро́? [그제 스딴찌야 미뜨로] 지하철역이 어디에 있나요?

3 위치 답하기(장소부사)

간단한 위치는 장소부사로 답할 수 있습니다.

здесь	여기	сле́ва	왼쪽에	впереди́	앞에
тут	여기	спра́ва	오른쪽에	позади́	뒤에
там	저기	посереди́не	가운데	до́ма	집에

Тут твоя́ су́мка. [뚯 뜨바야 쑴까] 여기 네 가방이 있어.

Где мой пиджа́к? [그제 모이 삐드좍] 내 재킷이 어디에 있어요?

Он впереди́. [온 프삐리지] 그건 앞에 있어요.

Где моя́ ку́ртка? [그제 마야 꾸르뜨까] 내 점퍼가 어디에 있어요?

Она́ спра́ва. [아나 스쁘라바] 그건 오른쪽에 있어요.

Я до́ма. [야 도마] 나 집에 있어.

4 위치 답하기(전치사 в/на)

위치를 묻는 질문에 학교, 직장, 사무실, 극장, 식당, 우체국, 카페 등 특정 장소로 대답하고 싶을 때는 전치사(в/на)와 전치격을 사용하면 됩니다.

| 주격에서 전치격 만들기 |

구분	주격 어미	예시	전치격 어미	전치사	전치격	뜻
남성	자음	теа́тр	+е	в	теа́тре	극장에
	й	музе́й	е	в	музе́е	박물관에
	ь	слова́рь	е	в	словаре́	사전에
여성	а	по́чта	е	на	по́чте	우체국에
	я	ку́хня	е	в	ку́хне	부엌에
	ь	пло́щадь	и	на	пло́щади	광장에
중성	о	ме́сто	е	в	ме́сте	장소에
	е	мо́ре	е	на	мо́ре	바다에

〈예외〉 ий/ия/ие로 끝나는 단수명사는 전치격에서 ии로 변합니다.

санато́р**ий** → в санато́р**ии** 요양원에서
аудито́р**ия** → в аудито́р**ии** 강의실에서
зда́н**ие** → в зда́н**ии** 건물에서
общежи́т**ие** → в общежи́т**ии** 기숙사에서

〈예외〉 -у 전치격

몇몇 남성명사는 -е 전치격 대신 -у를 사용합니다. 이때 강세는 어미로 옮겨집니다.

예외 남성명사	-у 전치격	뜻
лес	в лес**у́**	숲에
аэропо́рт	в аэропорт**у́**	공항에
сад	в сад**у́**	정원에
бере́г	на берег**у́**	강가(호숫가)에
мост	на мост**у́**	다리 위에
шкаф	в шкаф**у́**	장롱에

복수형은 다음과 같이 변화합니다.

구분	주격 단수어미	예시	전치격 복수어미	예시
남성	자음	теа́тр	ах	в теа́трах
	й	музе́й	ях	в музе́ях
	ь	слова́рь	ях	в слова́рях
여성	а	страна́	ах	страна́х
	я	ку́хня	ях	в ку́хнях
	ь	пло́щадь	ях	в пло́щадях
중성	о	ме́сто	ах	в ме́стах
	е	зда́ние	ях	в зда́ниях

앞에 제시된 표를 보면 어떤 명사는 전치사 в를, 어떤 명사는 на를 사용하는 것을 알 수 있습니다. 원래 в는 '~안에(in)', на는 '~위에(on)'에 대응합니다.

Ру́чка **в** столе́. [루치까 프스딸례] 펜은 책상 안에 있다.

Кни́га **на** столе́. [크니가 나스딸례] 책은 책상 위에 있다.

하지만 일반적인 장소를 나타낼 때는 명사의 뜻에 따라 в를 쓰는 명사와 на를 쓰는 명사가 나누어져 있으니 반드시 암기해야 합니다.

в를 쓰는 명사		на를 쓰는 명사	
경계가 분명(나라, 도시, 건물)		경계가 분명하지 않고 개방된 공간	
рестора́н	식당	у́лица	거리
шко́ла	학교	рабо́та	직장
университе́т	대학교	ста́нция	지하철역
теа́тр	극장	пло́щадь	광장
центр	중심가	по́чта	우체국
парк	공원	уро́к	수업
дере́вня	시골	заво́д	공장
го́род	도시	восто́к / за́пад / юг / се́вер	동/서/남/북

Большо́й теа́тр – в Москве́. 볼쇼이 극장은 모스크바에 있다.
[발쇼이 찌아뜨르 브마스크볘]

Мой до́м – в це́нтре. 내 집은 중심가에 있다.
[모이 돔 프쩬뜨레]*

Я сейча́с на у́лице. 나는 지금 밖(거리)에 있어.
[야 씨챠스 나울리쩨]

Он на рабо́те. 그 남자는 직장에 있어.
[온 나라보쩨]

* 여기서 전치사 в(유성음)는 뒤의 ц(무성음)의 영향을 받아 무성음화 되어 [f]로 발음합니다.

전치사를 발음할 때, [브/마스크볘]처럼 띄어 읽지 않고 뒤의 명사와 붙여 한 단어처럼 말하는 것이 자연스럽습니다.

5 형용사의 전치격

앞에서 배운 바와 같이, 명사가 격변화하는 경우 그 명사를 꾸며주는 형용사도 같이 변화해야 합니다.

격변화 / 성·수	주격	어미	전치격
남성	мой	ем/ом	в моём
	э́тот		в э́том
	како́й		в како́м
	но́вый		в но́вом
	хоро́ший		в хоро́шем
여성	моя́	ей/ой	в мое́й
	э́та		в э́той
	кака́я		в како́й
	но́вая		в но́вой
	хоро́шая		в хоро́шей
중성	моё	ем/ом	в моём
	э́то		в э́том
	како́е		в како́м
	но́вое		в но́вом
	хоро́шее		в хоро́шем
복수	мои́	их/ых	в мои́х
	э́ти		в э́тих
	каки́е		в каки́х
	но́вые		в но́вых
	хоро́шие		в хоро́ших

Ива́н у́чится в хоро́шем университе́те. 이반은 좋은 대학에서 공부한다.
[이반 우칫짜 프하로쉠 우니베르시쪠쪠]

Ста́рые кни́ги в большо́й библиоте́ке. 오래된 책들은 큰 도서관에 있다.
[스따릐예 크니기 브발쇼이 비블리아쪠께]

Рестора́н в но́вом зда́нии. 식당은 새로운 건물에 있다.
[리스따란 브노범 즈다니이]

В э́тих больни́цах хоро́шие врачи́. 이 병원들에는 좋은 의사들이 있다.
[베찌흐 발니짜흐 하로쉬예 브라치]

ВЫРАЖЕНИЯ

1 아침, 점심, 저녁 인사

До́брое у́тро! [도브라예 우뜨라]	아침 인사
До́брый день! [도브리 젠]	낮 인사
До́брый ве́чер! [도브리 베체르]	저녁 인사
Споко́йной но́чи! [스빠꼬이너이 노치]	밤 인사 (잘 자요!)

До́брый는 《좋은》, 《착한》이라는 뜻의 형용사로 뒤에 아침, 낮, 저녁 등의 명사를 붙여 인사말을 만듭니다.

Споко́йный는 《조용한》, 《평화로운》이라는 뜻으로 밤에 자기 전 인사할 때 사용합니다.

2 물어보기

Скажи́(те), пожа́луйста. [스까쥐(쩨), 빠좔루스따]	얘기 좀 해줘(요).
Мо́жно спроси́ть? [모쥐나 스쁘라씨찌]	물어봐도 될까(요)?
Вы не ска́жете, ____? [븨 니스까쥐쩨]	말씀해 주시겠어요?
Ты не ска́жешь, ____? [띄 니스까쥐쉬]	말해주지 않겠니?

3 몰라요

Извини́(те), я не зна́ю. [이즈비니(쩨), 야 니즈나유]	미안해(요), 난 몰라(요).

4 전치격 시간 표현

러시아어에서 월은 'в + 전치격'으로 표현합니다. 주격과의 비교를 통해 살펴보겠습니다.

뜻	주격	в + 전치격
1월	янва́рь*	в январе́
2월	февра́ль	в феврале́
3월	март	в ма́рте
4월	апре́ль	в апре́ле
5월	май	в ма́е
6월	ию́нь	в ию́не
7월	ию́ль	в ию́ле
8월	а́вгуст	в а́вгусте
9월	сентя́брь	в сентябре́
10월	октя́брь	в октябре́
11월	ноя́брь	в ноябре́
12월	дека́брь	в декабре́

* ь(연음부호)로 끝나는 달 이름은 모두 남성명사입니다.

Како́й сейча́с ме́сяц? 지금은 어떤 달(몇 월)입니까?
[까꼬이 시챠스 메씨쯔]

Сейча́с май. 지금은 5월입니다. [주격]
[시챠스 마이]

Вы в како́м ме́сяце родились? 당신은 어떤 달에(몇 월에) 태어났나요?
[븨 프까꼼 메씨쩨 라질리쓰]

роди́ться (동사) 태어나다

Я родила́сь в январе́. 저는 1월에 태어났습니다. [전치격]
[야 라질라쓰 브인바례]

Когда́ ва́ша сва́дьба? 너희 결혼식이 언제니?
[까그다 바샤 스바지바]

На́ша сва́дьба в декабре́. 우리 결혼식은 12월이야.
[나샤 스바지바 브지까브례]

Когда́ экза́мен? 시험이 언제입니까?
[까그다 이그자민]

Экза́мен в апре́ле. 시험은 4월에 있습니다.
[이그자민 바쁘렐례]

УПРАЖНЕНИЯ

1 주어진 단어를 활용하여 장소 표현을 완성해 보세요.

뜻	주격	장소(~에)
서울	Сеýл	в ______
모스크바	Москвá	в ______
한국	Корéя	в ______
러시아	Росси́я	в ______
사전	словáрь	в ______
전시회	вы́ставка	на ______
방	кóмната	в ______
섬	óстрово	на ______
은행	банк	в ______
기차역	вокзáл	на ______
박물관들(복수)	музéи	в ______

2 주어진 단어를 활용하여 다음 질문에 대답해 보세요.

Где ты? 너 어디에 있니?

1 Москóвская стáнция (모스콥스카야 지하철역)

→ Я ______

2 Большóй теáтр (볼쇼이 극장)

→ Я ______

3 росси́йское посóльство (러시아 대사관)

→ Я ______

4 Ни́жний Нóвгород (니즈니 노브고로드)

→ Я ______

5 Кра́сная пло́щадь (붉은 광장)

→ Я ______________________________

6 Ле́тний сад (여름 정원)

→ Я ______________________________

3 다음 문장을 작문해 보세요.

1 너의 누나는 지금 어디에 있니?

____

2 그 여자는 대학교(университе́т)에 있어.

____

3 너의 친구 Оле́г은 어디에 있니?

____

4 그 남자는 우체국(по́чта)에 있어.

____

5 너희 어디에 있니?

____

6 우리는 수업(уро́к) 중이야.

____

7 마슬레니짜(Ма́сленица)*는 3월에 있다.

____

* 러시아의 봄을 기념하는 축일

8 어느 건물(како́е зда́ние)에 오피스(о́фис)가 있나요?

____

9 우리 아파트는 신도시(но́вый го́род)에 있어.

____

10 저는 ____월에 태어났어요. (남자: роди́лся 여자: родила́сь)

____

4 다음 대화의 빈칸을 채워 보세요.

А: Извини́те, мо́жно спроси́ть, ________ у́лица Арба́т?
아르바트 거리가 어디에 있는지 아십니까?

Б: Она́ ________________.
도시 중심가(центр)에 있어요.

А: А вы не зна́ете, на ________ ста́нции?
그럼, 어떤 역에 있는지 아시나요?

Б: Извини́те, я не зна́ю.
죄송합니다, 저는 몰라요.

УРОК 06

국적 당신은 러시아어로 말하나요?

Вы говори́те по-ру́сски?

ДИАЛОГ

6-1

А: Вы говори́те по-ру́сски?
빅 가바리쩨 빠루스끼?

Б: Да, я говорю́ по-ру́сски.
다, 야 가바류 빠루스끼.

А: Вы ру́сская?
빅 루스까야?

Б: Нет, я корея́нка. Я изуча́ю ру́сский язы́к.
니옛, 야 까리얀까. 야 이주챠유 루스끼이직.

А: Ваш муж то́же коре́ец?
바쉬 무쉬 또줴 까례예쯔?

Б: Нет, он ру́сский.
니옛, 온 루스끼.

А: О́го, вы междуна́родная пара́!
오호, 빅 메쥐두나로드나야 빠라!

А: 당신은 러시아어로 말하시나요?

Б: 네, 저는 러시아어로 말합니다.

А: 당신은 러시아인(여자)인가요?

Б: 아니요, 저는 한국인(여자)입니다. 저는 러시아어를 공부해요.

А: 당신 남편도 역시 한국인(남자)인가요?

Б: 아니요, 그는 러시아인이에요.

А: 오호, 당신들은 국제 부부군요!

СЛОВАРЬ

говорить 말하다

по-русски 러시아어로

русский/русская 러시아인(남/여)

кореец/кореянка 한국인(남/여)

изучать 공부하다

международный 국제적인

пара 커플, 부부

ГРАММАТИКА

1 현재시제 - 동사 변화

한국어 화자에게는 '동사 변화'의 개념이 어려울 수 있습니다. 우리에게 익숙한 한국어, 영어와 러시아어를 비교해 보겠습니다.

동사변화 / 인칭·수	한국어 (공부하다)		영어 (to study)	
1인칭 단수	내가	공부한다	I	study
2인칭 단수	네가		You	
3인칭 단수	그/그녀가		He/She	studies
1인칭 복수	우리가		We	study
2인칭 복수	너희가		You	
3인칭 복수	그들이		They	

한국어는 주어에 따른 동사 변화가 없으며, 영어는 3인칭 단수에서만 변화합니다. 반면, 러시아어 동사는 주어의 인칭에 따라 6가지로 변화합니다. '공부하다(study)'라는 뜻의 изучать의 동사 변화를 살펴보겠습니다.

| 동사의 1식 변화 |

изучать처럼 동사원형이 -ать/-ять로 끝나는 동사는 ≪1식 변화≫하는 동사입니다.

1식 변화 동사변화형 만드는 방법
① 동사원형에서 -ть를 떼고 어간을 만든다. (예 изуча-) ② 인칭에 맞는 어미를 붙인다.

공부하다				
동사원형	изуча	ть		
주어	어간	어미		목적어
я	изуча	ю	+	русский язык
ты		ешь		
он/она/оно		ет		
мы		ем		
вы		ете		
они		ют		

Я изуча́**ю** ру́сский язы́к.	나는 러시아어를 공부한다.
Ты изуча́**ешь** ру́сский язы́к?	너는 러시아어를 공부하니?
Он/Она́ изуча́**ет** ру́сский язы́к.	그/그녀는 러시아어를 공부한다.
Мы изуча́**ем** ру́сский язы́к.	우리는 러시아어를 공부한다.
Вы изуча́**ете** ру́сский язы́к?	당신(들)은 러시아어를 공부합니까?
Они изуча́**ют** ру́сский язы́к.	그들은 러시아어를 공부한다.

하다(do)			읽다			경기하다(play)		
동사 원형	дела	ть	동사 원형	чита	ть	동사 원형	игра	ть
주어	어간	어미	주어	어간	어미	주어	어간	어미
я	дела	ю	я	чита	ю	я	игра	ю
ты		ешь	ты		ешь	ты		ешь
он/она/оно		ет	он/она/оно		ет	он/она/оно		ет
мы		ем	мы		ем	мы		ем
вы		ете	вы		ете	вы		ете
они		ют	они		ют	они		ют
알다			듣다			산책하다		
동사 원형	зна	ть	동사 원형	слуша	ть	동사 원형	гуля	ть
주어	어간	어미	주어	어간	어미	주어	어간	어미
я	зна	ю	я	слуша	ю	я	гуля	ю
ты		ешь	ты		ешь	ты		ешь
он/она/оно		ет	он/она/оно		ет	он/она/оно		ет
мы		ем	мы		ем	мы		ем
вы		ете	вы		ете	вы		ете
они		ют	они		ют	они		ют

| -евать 또는 -овать로 끝나는 동사 |

동사원형 어미가 **-евать** 또는 **-овать**로 끝나는 동사의 경우, 동사 변화하기 전 **-евать/-овать**를 떼고 남은 어간에 **-у-**를 붙여줍니다.

춤추다	
동사원형	танцевать
-евать/-овать 삭제	танц~~евать~~
-у- 추가	танцу

주어	어간	어미
я	танцу	ю
ты		ешь
он/она/оно		ет
мы		ем
вы		ете
они		ют

| 동사의 2식 변화 |

говорить(말하다)처럼 동사원형이 **-еть/-ить**로 끝나는 동사는 《2식 변화》하는 동사입니다.

2식 변화 동사변화형 만드는 방법
① 동사원형에서 -еть/-ить를 떼고 어간을 만든다. (예 говор-) ② 인칭에 맞는 어미를 붙인다.

말하다				
동사원형	говор	ить		
주어	어간	어미		목적어/부사
я	говор	ю	+	по-русски (러시아어로)
ты		ишь		
он/она/оно		ит		
мы		им		
вы		ите		
они		ят		

Я говор**ю́** по-ру́сски. 나는 러시아어로 말한다.

Ты говор**и́шь** по-ру́сски? 너는 러시아어로 말하니?

Он/Она́ говор**и́т** по-ру́сски. 그/그녀는 러시아어로 말한다.

Мы говор**и́м** по-ру́сски. 우리는 러시아어로 말한다.

Вы говор**и́те** по-ру́сски? 당신(들)은 러시아어로 말하십니까?

Они говор**я́т** по-ру́сски. 그들은 러시아어로 말한다.

보다			담배를 피우다			가르치다		
동사 원형	смотр	еть	동사 원형	кур	ить	동사 원형	уч	ить
주어	어간	어미	주어	어간	어미	주어	어간	어미
я		ю	я		ю	я		у*
ты		ишь	ты		ишь	ты		ишь
он/она/оно	смотр	ит	он/она/оно	кур	ит	он/она/оно	уч	ит
мы		им	мы		им	мы		им
вы		ите	вы		ите	вы		ите
они		ят	они		ят	они		ат*

선물하다			결정하다			믿다		
동사 원형	дар	ить	동사 원형	реш	ить	동사 원형	вер	ить
주어	어간	어미	주어	어간	어미	주어	어간	어미
я		ю	я		у*	я		ю
ты		ишь	ты		ишь	ты		ишь
он/она/оно	дар	ит	он/она/оно	реш	ит	он/она/оно	вер	ит
мы		им	мы		им	мы		им
вы		ите	вы		ите	вы		ите
они		ят	они		ат*	они		ят

* к, г, х, ч, ж, ш, щ 뒤에는 ю/я 대신 у/а를 사용합니다.

| русский язык? по-русски? |

언어활동동사를 사용할 때는 목적어 형태(~언어를)가 아닌 부사어 형태(~언어로)를 사용해야 합니다.

① 언어활동동사

언어활동동사	부사어	뜻
говорить	по-русски (러시아어로)	러시아어로 말하다
понимать		러시아어로 (듣고) 이해하다
писать		러시아어로 쓰다
читать		러시아어로 읽다

② 일반동사

일반동사	목적어	뜻
знать	русский язык (러시아어를)	러시아어를 알다
изучать		러시아어를 배우다
любить		러시아어를 사랑하다

따라서 다음과 같은 문장은 틀린 문장입니다.

Я читаю русский язык. (X) 저는 러시아어를(?) 읽어요.

Он знает по-русски. (X) 그는 러시아어로(?) 알아요.

ЛЕКСИКА

1 나라 이름

나라 이름		언어	~언어로	사람		
				남성	여성	복수
러시아	Росси́я	ру́сский язы́к	по-ру́сски	ру́сский	ру́сская	ру́сские
한국	Коре́я	коре́йский язы́к	по-коре́йски	коре́ец	корея́нка	коре́йцы
미국	США (Аме́рика)	англи́йский язы́к	по-англи́йски	америка́нец	америка́нка	американцы
중국	Кита́й	кита́йский язы́к	по-кита́йски	кита́ец	китая́нка	китайцы
일본	Япо́ния	япо́нский язы́к	по-япо́нски	япо́нец	япо́нка	япо́нцы
카자흐스탄	Казахста́н	каза́хский язык	по-каза́хски	каза́х	каза́шка	казахи́
우크라이나	Украи́на	украи́нский язык	по-украи́нски	украи́нец	украи́нка	украи́нцы
우즈베키스탄	Узбекиста́н	узбе́кский язык	по-узбе́кски	узбе́к	узбе́чка	узбе́ки
프랑스	Фра́нция	францу́зский язык	по-францу́зски	францу́з	францу́женка	францу́зы
독일	Герма́ния	неме́цкий язык	по-неме́цки	не́мец	не́мка	не́мцы
베트남	Вьетна́м	вьетна́мский язык	по-вьетна́мски	вьетна́мец	вьетна́мка	вьетна́мцы

УПРАЖНЕНИЯ

1 주어진 동사를 알맞게 변형하여 문장을 완성해 보세요.

1 Мы (слушать) музыку. 우리는 음악을 들어요.

2 Что ты (говорить)? 너 무슨 말을 하는 거니?

3 Вы (любить) Кимчи? 당신은 김치를 좋아하시나요?

4 Он (понимать) по-русски. 그는 러시아어로 이해해요.

5 Они (работать) в Самсунг. 그들은 삼성에서 일한다.

6 Повар (готовить) блюдо. 요리사가 음식을 준비한다.

7 Мальчики (решать) задачи по математике. 소년들이 수학문제를 풀고 있다.

8 Муж (дарить) жене цветы. 남편이 아내에게 꽃을 선물한다.

9 Я утром (читать) журнал. 저는 아침에 잡지를 읽어요.

10 Студенты много (гулять). 학생들이 많이 놀러 다닌다.

11 Вы (курить) сигареты? 당신은 담배를 피우십니까?

② 다음 대화의 빈칸을 채워 보세요.

А:	Вы зна́ете ______________?	당신은 러시아어를 아시나요?
Б:	Да, я ______________.	네, 저는 러시아어로 말해요.
А:	Как ______________ ≪house≫?	러시아어로 ≪house≫가 뭐예요?
Б:	______________.	이것은 집입니다.

③ 다음 문장을 작문해 보세요.

1 저는 한국인입니다. (본인의 성별에 맞게)

____

2 너는 중국어를 공부하니?

____

3 우리는 러시아어로 읽습니다.

____

4 그 남자는 중국인이고, 그 여자는 일본인이야.

____

5 그들은 러시아인이고, 영어로 말합니다.

____

6 저는 러시아어로 이해하지 못합니다.

____

7 그는 한국어를 잘한다(말한다).

____

8 그녀는 카자흐스탄인이에요.

____

9 당신은 우즈베크어로 말하시나요?

____

УРОК 07

목적어 너는 무엇을 보고 있니?

Что ты смо́тришь?

СЛОВАРЬ

ребя́та 얘들아

смотре́ть 보다

игра́ть 경기하다

сего́дня 오늘

чита́ть 읽다

Ух, ты!
(놀라움의 표현) 대단하다!

* ЦСКА: 모스크바 하키클럽
  СКА: 상트페테르부르크 하키클럽

ДИАЛОГ

7-1

А: Ребя́та, что вы смо́трите?
리뱌따, 쉬또 븨 스모뜨리쩨?

Б, В: Мы смо́трим хокке́й.
믜 스모뜨림 하께이.

А: Кто игра́ет?
크또 이그라옛?

Б: Сего́дня игра́ют ЦСКА и СКА*.
시보드냐 이그라윳 쩨스까 이 스까.

В: А что ты де́лаешь?
아 쉬또 띄 젤라예쉬?

А: Я чита́ю кни́гу.
야 치따유 크니구.

Б, В: Ух, ты!
우흐, 띄!

А: 얘들아, 너희는 무엇을 보고 있니?
Б, В: 우리는 하키(경기)를 보고 있어.
А: 누가 경기해?
Б: 오늘 ЦСКА랑 СКА가 경기해.
В: 근데 너는 뭐 하니?
А: 나는 책을 읽어.
Б, В: 대단한데!

ГРАММАТИКА

1 목적어

앞의 대화 내용 중 хоккей(하키)처럼 동사의 직접적인 영향을 받는 단어를 목적어라고 합니다. 한국어에서는 '책을 읽다', '하키(경기)를 보다'처럼 목적격 조사 '~을/를'을 넣어 목적어를 표현합니다. 러시아어에서는 목적어를 표현하기 위해 '대격'을 사용합니다.

| 대격 목적어가 필요한 동사 |

смотре́ть	знать	спроси́ть	звать
보다	알다	묻다	부르다
встре́ тить	слу́шать	ждать	чита́ть
만나다	듣다	기다리다	읽다

| 인칭대명사 대격 |

주격	대격
я	меня́
ты	тебя́
он	его́ [ivo]
она	её
мы	нас
вы	вас
они́	их

Я люблю́ **тебя́**. 나는 너를 사랑해.

Вы **её** зна́ете? 당신은 그 여자를 아시나요?

Как **Вас*** зову́т? 당신의 이름은 무엇입니까? (당신을 어떻게 부릅니까?)

Меня́ зовут А́нна. 제 이름은 안나입니다. (저를 안나라고 불러요.)

* Вы, Вас가 ≪너희들≫이 아니라 ≪당신≫이라는 높임의 의미를 갖는 경우 대문자로 작성합니다.

| 일반명사 단수 대격 |

구분		주격 어미	예시	대격 어미	예시	뜻
사물	남성	자음	фи́льм	변화 없음	фи́льм	영화를
		й	хокке́й		хокке́й	하키를
		ь	день		день	낮을
사람, 동물		자음	студе́нт	+а	студе́нта	남학생을
		й	Серге́й	я	Серге́я	세르게이를
		ь	гость	я	го́стя	손님을
여성		а	кни́га	у	кни́гу	책을
		я	пе́сня	ю	пе́сню	노래를
		ь	тетра́дь	ь	тетра́дь	공책을
중성		о	окно́	변화 없음	окно́	창문을
		е	зда́ние		зда́ние	건물을

| 일반명사 복수 대격 |

구분		주격 단수	주격 복수	대격 복수	대격 복수	뜻
사물	남성	стол	столы́	변화 없음	столы́	책상들을
	여성	кни́га	кни́ги		кни́ги	책들을
	중성	сло́во	слова́		слова́	단어들을
사람, 동물	남성	студе́нт	студе́нты	ов	студе́нт**ов**	학생들을
		евре́й	евре́и	ев	евре́**ев**	유대인들을
		гость	го́сти	ей	гост**е́й**	손님들을
	여성	подру́га	подру́ги	-	подру́г	(여자)친구들을
		тётя	тёти	ь	тёт**ь**	이모들을
		зверь	зве́ри	ей	звер**е́й**	짐승들을

남성명사를 대격으로 사용할 때는 사람, 동물 그리고 사물을 구분합니다. 살아 있는 것인 경우(사람, 동물) 어미 변화를 거치고, 그렇지 않은 경우(사물) 주격과 동일합니다.

Я смотрю́ **фи́льм**. 나는 영화를 본다.
Мы чита́ем **кни́гу**. 우리는 책을 읽는다.
Та́ня у́чит **Серге́я**. 따냐는 세르게이를 가르친다.
Я зна́ю **Ната́шу Ива́новну**. 나는 나따샤 이바노브나 씨를 안다.

| 의문사 대격 |

구분	주격	구분	대격
누가	кто	누구를	кого́ [까보]
무엇이	что	무엇을	что

Кого́ мы встре́тим в аэропорту́? 우리는 공항에서 누구를 만납니까?

Что ты пи́шешь? 너는 무엇을 쓰니?

| 형용사 단수 대격 |

앞서 배운 바와 같이, 형용사가 명사를 꾸며줄 때 그 명사의 격에 맞추어 격변화합니다.

구분		주격	어미 변화	대격	뜻
사물	남성	э́тот фильм	변화 없음	э́тот фильм	이 영화를
		мой фильм		мой фильм	내 영화를
		но́вый фильм		но́вый фильм	새로운 영화를
		после́дний фильм		после́дний фильм	마지막 영화를
사람, 동물		э́тот студе́нт	ого/его	э́т**ого** студе́нта	이 학생을
		мой студе́нт		мо**его́** студе́нта	내 학생을
		но́вый студе́нт		но́в**ого** студе́нта	새로운 학생을
		после́дний студе́нт		после́дн**его** студе́нта	마지막 학생을
여성		э́та колле́га	ую/юю	э́т**у** колле́гу	이 동료를
		мо́я колле́га		мо**ю́** колле́гу	내 동료를
		но́вая колле́га		но́в**ую** колле́гу	새로운 동료를
		после́дняя колле́га		после́дн**юю** колле́гу	마지막 동료를
중성		э́то ме́сто	변화 없음	э́то ме́сто	이 장소를
		моё ме́сто		моё ме́сто	내 장소를
		но́вое ме́сто		но́вое ме́сто	새 장소를
		после́днее ме́сто		после́днее ме́сто	마지막 장소를

| 형용사 복수 대격 |

구분		주격	어미 변화	대격	뜻
사람, 동물	남성	э́ти студéнты	ых/их	э́т**их** студéнтов	이 학생들을
		мóи студéнты		мо**и́х** студéнтов	내 학생들을
		нóвые студéнты		нóв**ых** студéнтов	새 학생들을
		послéдние студéнты		послéдн**их** студéнтов	마지막 학생들을
	여성	э́ти коллéги		э́т**их** коллéг	이 동료들을
		мóи коллéги		мо**и́х** коллéг	내 동료들을
		нóвые коллéги		нóв**ых** коллéг	새로운 동료들을
		послéдние коллéги		послéдн**их** коллéг	마지막 동료들을
나머지		э́ти маши́ны	변화 없음	э́ти маши́ны	이 자동차들을
		мóи маши́ны		мои́ маши́ны	내 자동차들을
		нóвые маши́ны		нóвые маши́ны	새 자동차들을
		послéдние маши́ны		послéдние маши́ны	마지막 자동차들을

Я чита́ю **америка́нский журна́л**.
나는 미국 잡지를 읽어.

Вы зна́ете **но́вого профе́ссора**?
너희 새로운 교수님을 아니?

Госуда́рство здесь стро́ит **большо́е зда́ние**.
정부가 이곳에 큰 건물을 짓는다.

Мы слу́шаем **италья́нскую му́зыку**.
우리는 이탈리아 음악을 들어요.

Лю́ди лю́бят смотре́ть **интере́сные сериа́лы**.
사람들은 재미있는 드라마 보는 것을 좋아합니다.

Э́ту де́вушку лю́бит мой друг.
이 여자를 내 친구가 좋아해.

| 동사 **игрáть** |

동사 'игрáть'는 영어의 'play'에 해당하는 단어로, '(악기를) 연주하다' 또는 '(스포츠경기, 게임 등)을 하다'라는 뜻을 갖습니다. 뜻에 따라 동사 뒤 전치사구의 형태가 아래와 같이 달라집니다.

나는 (악기를) 연주한다		на	전치격	뜻
Я	игрáю	на	гитáре	기타
			роя́ле	(그랜드) 피아노
			пиани́но*	(일반) 피아노
			скри́пке	바이올린
			саксофóне	색소폰
나는 (경기, 게임 등)을 한다		**в**	**대격**	**뜻**
Я	игрáю	в	хоккéй	하키
			тéннис	테니스
			футбóл	축구
			бейсбóл	야구
			гольф	골프
			кáрты	카드 게임
			компью́терные и́гры	컴퓨터 게임

* 외래어이므로 격변화하지 않습니다.

반면, 한국어의 '놀러가다'처럼 '(일/공부를 하지 않고) 놀다'는 'отдыхáть(쉬다)' 또는 'гуля́ть(산책하다)'라는 동사를 사용합니다.

Ты сегóдня отдыхáешь? 너 오늘 쉬니(노는 날이니)?

Давáй пойдём гуля́ть! 우리 놀러가자!

Они́ гуля́ют в цéнтре. 그들은 시내에서 놀고 있어.

ВЫРАЖЕНИЯ

1 사과하기

Извини́те, пожáлуйста. 미안합니다.

Прости́те, пожáлуйста. 실례합니다.

Извини. = Прости. 미안해.

2 사과에 답하기

Ничегó. [니치보] 괜찮아요.

Ничегó стрáшного. 괜찮아요.

3 대격으로 요일 표현하기

'월요일에'처럼 요일을 표현하기 위해서는 'в + 대격'을 사용합니다. 주격과 비교해서 살펴보겠습니다.

뜻	주격	в + 대격
월요일	понедéльник	в понедéльник
화요일	втóрник	во втóрник
수요일	средá	в срéду
목요일	четвéрг	в четвéрг
금요일	пя́тница	в пя́тницу
토요일	суббóта	в суббóту
일요일	воскресéнье	в воскресéнье

Какóй сегóдня* день? 오늘 무슨 요일이니?

Сегóдня – средá. 오늘은 수요일(주격)이야.

Какóй урóк в срéду? 수요일에(в 대격) 어떤 수업이 있니?

В срéду – урóк по граммáтике. 수요일에는(в 대격) 문법 수업이 있어.

* Сегóдня(오늘)의 г는 в로 발음합니다. [sivodnya]

УПРАЖНЕНИЯ

1 괄호 안의 단어를 알맞게 변형하여 문장을 완성해 보세요.

1 Он слу́шает (му́зыка).
그 남자는 음악을 듣는다.

2 Я зна́ю (Алекса́ндр).
나는 알렉산드르를 안다.

3 (Кто) ты выбира́ешь на вы́борах?
선거에서 누구를 뽑을 거니?

4 Вы изуча́ете (эконо́мика)?
당신은 경제학을 공부합니까?

5 Оле́г и Ната́ша ча́сто смо́трят (фи́льмы).
알렉과 나타샤는 영화를 자주 본다.

6 Мы приглаша́ем (Вы).
우리는 당신을 초대합니다.

7 Она́ пи́шет (рома́н).
그 여자는 소설을 쓴다.

8 Ты зна́ешь (Анто́н)?
너는 안톤을 아니?

9 Вы по́мните (я)?
당신은 저를 기억하세요?

10 Где ты покупа́ешь (оде́жда)?
너는 어디서 옷을 사니?

2 괄호 안의 단어를 알맞게 변형하여 문장을 완성해 보세요.

1 Он слу́шает (ру́сская му́зыка).
그 남자는 러시아 음악을 듣는다.

2 Я зна́ю (э́тот челове́к).
나는 이 사람을 안다.

3 Мы и́щем (но́вая колле́га).
우리는 새로운 동료를 찾고 있다.

4 Вы изуча́ете (междунаро́дная эконо́мика)?
당신은 국제 경제학을 배웁니까?

5 Оле́г и Ната́ша ча́сто смо́трят (коре́йские фи́льмы).
알렉과 나타샤는 한국 영화를 자주 본다.

6 Они́ приглаша́ют (изве́стный врач).
그들은 저명한 의사를 초대한다.

7 Онá пи́шет (истори́ческий ромáн).

그녀는 역사 소설을 쓴다.

8 Ты знáешь (óпытный специали́ст)?

너는 경험있는 전문가를 아니?

9 Где ты покупáешь (зи́мняя одéжда)?

너는 어디서 겨울 옷을 사니?

3 다음 대화의 빈칸을 채워 보세요.

A: Извини́те, вы знáете ______________?

죄송합니다만, 이 사람을 아시나요?

Б: Да, э́то наш нóвый профéссор.

네, 이 사람은 ______________ 교수님입니다.

A: А где он читáет ______________?

그럼 이분이 어디서 강의(лекция)를 하시나요?

Б: Не знáю. Спроси́те ______________.

몰라요. 조교(помощник)에게 물어 보세요.

УРОК 08

가족 저에게는 남동생이 있어요.

У меня́ есть брат.

СЛОВАРЬ

мла́дший брат/ мла́дшая сестра́ 남동생/여동생

ста́рший брат/ ста́ршая сестра 오빠, 형/언니, 누나

русско-корейский 러-한의

словарь 사전

Посмотри́те. (한번) 보세요.

ско́лько 얼마나

сто́ить 값이 나가다

рубль 루블(러시아의 화폐 단위)

русско-английский 러-영의

продано 품절인

журнал 잡지

ДИАЛОГ

8-1

А: Еле́на, у тебя́ есть брат и́ли сестра́?

Б: У меня́ оди́н брат и две сестры́. А у тебя́?

А: У меня́ нет бра́та и́ли сестры́.

А: 옐레나, 너에게는 남자형제와 여자형제가 있니?

Б: 나에게는 오빠 한 명과 언니 두 명이 있어. 너는?

А: 나에게는 형제도, 자매도 없어.

А: Здра́вствуйте, у Вас есть ру́сско-коре́йский слова́рь?

Б: Да, посмотри́те.

А: Ско́лько э́то сто́ит?

Б: Он сто́ит 1000(ты́сячу) рубле́й.

А: А ру́сско-англи́йский слова́рь?

Б: Его́ нет. Уже́ про́дано.

А: Да́йте, пожа́луйста, два словаря́ и оди́н журна́л.

А: 안녕하세요, 러-한 사전 있나요?

Б: 네, 한번 보세요.

А: 이거 얼마예요?

Б: 1,000 루블이에요.

А: 러-영 사전은요?

Б: 없어요. 이미 품절이에요.

А: 사전 두 권과 잡지 한 권 주세요.

ГРАММАТИКА

1 생격으로 소유 표현하기

무언가를 소유할 때, 한국어로는 ≪내가 ~를 가지고 있다≫, 영어로는 ≪I have ~≫라고 합니다. 두 언어의 공통점은 주어가 ≪나≫, 즉 소유주라는 것입니다. 하지만 러시아어는 조금 다르게 표현합니다.

У 생격	есть	주격
~에게 (소유주)	있다	~가 (물건)

| 인칭대명사 생격 | *7과 대격과 동일

주격	생격
я	меня́
ты	тебя́
он	его́ [ivo]
она́	её
мы	нас
вы	вас
они	их

У **меня́** есть сын. 저에게는 아들이 있습니다.

У **него́*** есть телефо́н. 그 남자에게는 휴대폰이 있습니다.

У **нас** есть фотогра́фии. 우리에게는 사진들이 있습니다.

У **вас** есть каранда́ш? 당신에게는 연필이 있습니까?

У **них** есть хоро́ший компью́тер. 그들에게는 좋은 컴퓨터가 있습니다.

* его, её, их 등 모음으로 시작하는 인칭대명사가 전치사와 같이 쓰일 경우에는 앞에 н을 붙여 у него, у неё, у них와 같이 변합니다.

| 일반명사 생격 |

성	주격 어미	예시	생격 어미	예시	뜻
남성	자음	студе́нт	а	студе́нта	학생
	й	Вита́лий	я	Вита́лия	비딸리(인물명)
	ь	гость	я	го́стя	손님
여성	а	ма́ма	ы	ма́мы	엄마
	я	тётя	и	тёти	이모/고모
	ь	пло́щадь	и	пло́щади	광장
중성	о	сло́во	а	сло́ва	단어
	е	зда́ние	я	зда́ния	건물
	мя	и́мя	мени	и́мени	이름

수	성	단수 주격어미	예시	복수 생격	예시	뜻
복수	남성	ж, ч, ш, щ, ь	врач слова́рь	ей	враче́й словаре́й	의사 사전
		ц, й	не́мец музе́й	ев	не́мцев музе́ев	독일인 박물관
		나머지	студе́нт чемода́н	ов	студе́нтов чемода́нов	학생 여행 가방
	여성	а	ма́ма	-	мам	엄마
		я	неде́ля	ь	неде́ль	주(week)
		ь	пло́щадь	ей	площаде́й	광장
	중성	о	сло́во	-	слов	단어들
		е	пла́тье мо́ре	ев ей	пла́тьев море́й	원피스들 바다들
		мя	и́мя	мён	имён	이름들

* ий, ия, ие로 끝나는 단어는 복수 생격어미가 ий로 변화합니다.

| 의문사 생격 |

누구	кто	кого́ [까보]
무엇	что	чего́ [치보]

У студе́нта есть но́вый уче́бник. 학생에게는 새 교과서가 있다.

У Вита́лия есть брат. 비딸리에게는 형이 있다.

У ма́мы есть кра́сное пла́тье. 엄마에게는 빨간 드레스가 있다.

У тёти есть больша́я кварти́ра. 이모에게는 큰 아파트가 있다.

У кого́ есть де́ньги? 누가 돈을 갖고 있니?

кварти́ра 아파트, 집

де́ньги (복수) 돈

| 형용사 생격 |

성	주격	어미	생격
남성	мой	его/ого	моего́
	э́тот		э́того
	како́й		како́го
	но́вый		но́вого
	хоро́ший		хоро́шего
여성	моя́	ей/ой	мое́й
	э́та		э́той
	кака́я		како́й
	но́вая		но́вой
	хоро́шая		хоро́шей
중성	моё	его/ого	моего́
	э́то		э́того
	како́е		како́го
	но́вое		но́вого
	хоро́шее		хоро́шего
복수	мой	их/ых	мои́х
	э́ти		э́тих
	каки́е		каки́х
	но́вые		но́вых
	хоро́шие		хоро́ших

учéбник 교과서

óпыт 경험, 경력

У **но́вого студе́нта** есть но́вый уче́бник. 새로 온 학생에게는 새 교과서가 있다.

У **моего́ дру́га** есть брат. 내 친구(남자)에게는 형이 있다.

У **ста́ршей сестры́** есть телефо́н. 언니에게는 휴대폰이 있다.

У **хоро́ших враче́й** есть о́пыт. 좋은 의사들에게는 경험이 있다.

2 존재 부정 - 생격

'갖고 있다'는 표현은 ≪есть≫를, '없다'는 표현은 ≪нет≫을 사용합니다. 내가 소유하고 있는 대상, 즉 존재하는 대상은 주격으로 표현하지만 존재하지 않는 대상은 생격으로 바꿔줍니다.

У 생격	нет	생격
~에게 (소유주)	없다	~가 (물건)

그렇다면 '~가 있다'와 '~가 없다'라는 문장은 어떻게 다른지 살펴보겠습니다.

У 생격	есть	주격
~에게 (소유주)	있다	~가 (물건)

У 생격	нет	생격
~에게 (소유주)	없다	~가 (물건)

У меня́ есть **каранда́ш.** 나에게는 연필이 있습니다.

У меня́ нет **карандаша́.** 나에게는 연필이 없습니다.

У них есть **газе́та.** 그들에게는 신문이 있다.

У них нет **газе́ты.** 그들에게는 신문이 없다.

상황에 따라 소유주(у + 생격)는 생략 가능합니다.

В ко́мнате есть **крова́ть.** 방에는 침대가 있다.

В ко́мнате нет **крова́ти.** 방에는 침대가 없다.

Здесь есть **связь.** 여기 신호(인터넷, 전화 등)가 있어요.

Здесь нет **свя́зи**. 여기 신호가 없어요.

Там есть **ме́сто**? 거기 자리 있니?

Нет, тут нет **места́**. 아니, 여기 자리 없어.

3 수사 생격

1	оди́н/одна́/одно́/одни*	11	оди́надцать
2	два(две**)	12	двена́дцать
3	три	13	трина́дцать
4	четы́ре	14	четы́рнадцать
5	пять	15	пятна́дцать
6	шесть	16	шестна́дцать
7	семь	17	семна́дцать
8	во́семь	18	восемна́дцать
9	де́вять	19	девятна́дцать
10	де́сять		

20	два́дцать	200	две́сти
30	три́дцать	300	три́ста
40	со́рок	400	четы́реста
50	пятьдеся́т	500	пятьсо́т
60	шестьдеся́т	600	шестьсо́т
70	се́мьдесят	700	семьсо́т
80	во́семьдесят	800	восемьсо́т
90	девяно́сто	900	девятьсо́т
100	сто	1,000	ты́сяча

* 숫자 1은 뒤의 명사가 주격이기 때문에 명사의 성, 수에 따라 변합니다.

оди́н челове́к 한 사람

одна́ де́вушка 한 여자

одно́ здание 건물 하나

одни́ очки́ 안경 한 쌍 (언제나 복수)

** 숫자 2는 뒤의 명사가 여성일 때 две로 변합니다.

러시아어로 수를 말할 때, 그 뒤의 단위명사는 다음과 같이 격변화합니다.

1, 21, 31, ... (끝이 1인 수)	⇨	**단수 주격**
2, 3, 4 / 22, 23, 24 / 32, 33, 34 / ... (12, 13, 14를 제외하고 끝이 2, 3, 4인 수)	⇨	**단수 생격**
5~20, 25, 26, ... 30, 35, 36, ... 40, ... (나머지)	⇨	**복수 생격**

격변화	남성명사	여성명사	중성명사
1 (단수 주격)	1(один) студе́нт 학생 한 명	1(одна) кни́га 책 한 권	1(одно) сло́во 단어 한 개
2-4 (단수 생격)	2(два) студе́нта 학생 두 명	2(две) кни́ги 책 두 권	2(два) сло́ва 단어 두 개
5-20 (복수 생격)	5(пять) студе́нтов 학생 다섯 명	5(пять) кни́г 책 다섯 권	5(пять) слов 단어 다섯 개

4 수량 생격

수량을 나타내는 부사 뒤에도 명사의 생격 형태를 사용합니다.

많이	조금	얼마
мно́го	ма́ло	ско́лько

В аудито́рии мно́го **студе́нтов**.
강의실에는 학생들(студенты)이 많다.

У меня́ ма́ло **рабо́ты** в после́днее вре́мя.
나는 요즘 일(работа)이 적어.

Ско́лько **вре́мени** ва́рить карто́шку?
감자를 얼마 동안(время) 삶아야 해요?

аудито́рия 강의실
рабо́та 일, 직업
в после́днее вре́мя 최근에
ва́рить 삶다
карто́шка 감자

5 수식 생격

명사와 명사가 나란히 왔을 때 뒤의 명사가 생격이라면 《~의》라는 뜻으로 앞의 명사를 꾸며주는 의미가 됩니다.

Э́то телефо́н. — 이것은 휴대폰이다.

Э́то телефо́н твое́й сестры́. — 이것은 네 여동생(언니/누나)의 휴대폰이다.

Я чита́ю кни́гу. — 나는 책을 읽는다.

Я чита́ю кни́гу моего́ дру́га. — 나는 내 친구의 책을 읽는다.

Мы в за́ле. — 우리는 홀에 있어요.

Мы в за́ле ожида́ния. — 우리는 대기(ожидание)실에 있어요.

стака́н воды́ — 물 한 컵

буты́лка молока́ — 우유 한 병

коро́бка конфе́т — 사탕 한 상자

зал 홀, 공간
ожида́ние 대기, 기다림
вода́ 물
молоко́ 우유
конфе́та 사탕

6 생격을 필요로 하는 전치사

근처에	~전에	~후에	위하여
о́коло	до	по́сле	для

ГУМ* стои́т о́коло **Кра́сной пло́щади.**
굼 백화점은 붉은 광장(красная площадь) 근처에 서 있다.

Я принима́ю душ до **за́втрака.**
나는 아침식사(завтрак) 전에 샤워를 한다.

Он игра́ет в компью́терные и́гры по́сле **шко́лы.**
그는 학교(школа)가 끝난 후 컴퓨터 게임을 한다.

Ма́ма всё де́лает для **меня́.**
엄마는 나를 위해 무엇이든지 다 한다.

* Государственный Универсальный Магазин(국영백화점)을 줄여 '굼'이라고 부르며, 19세기 말에 지어진 모스크바의 최고급 백화점입니다.

стои́ть 서 있다
принима́ть душ 샤워하다
за́втрак 아침식사
игра́ть 게임하다, 연주하다
компью́терные и́гры 컴퓨터 게임
шко́ла 학교
де́лать 하다

7 동사 명령형

러시아어의 동사 명령형은 1식 동사와 2식 동사 그리고 존댓말(또는 복수 청자)과 반말인지에 따라 어미가 달라집니다.

1) 1식 동사(ать/ять)

1식 동사는 1인칭 단수형(я)에서 어미를 제거한 뒤, 명령형 어미 -й 또는 -йте를 붙여 만듭니다.

동사원형	1인칭 단수형	어미 제거	명령형	뜻
чита́ть	(я) чита́ю	чита-	чита́й(те)	읽어라(읽으세요)
писа́ть	(я) пишу́	пиш-	пиши́(те)	써라(쓰세요)
слу́шать	(я) слу́шаю	слуша-	слу́шай(те)	들어라(들으세요)
сове́товать*	(я) сове́тую	сове́ту-	сове́туй(те)	조언해줘(주세요)

* 6과 ≪-евать 또는 -овать로 끝나는 동사≫ 참고

те́кст 텍스트

вопро́с 질문

отвеча́ть 대답하다

продолжа́ть 계속하다

Чита́йте те́кст, пожа́луйста. 텍스트를 읽으세요.

Слу́шайте вопро́с и отвеча́йте. 질문을 듣고 대답하세요.

Продолжа́йте. 계속하세요.

2) 2식 동사(ить/еть)

2식 동사는 1인칭 단수형(я)에서 어미를 제거한 뒤, 명령형 어미 -и 또는 -ите를 붙여 만듭니다.

동사원형	1인칭 단수형	어미 제거	명령형	뜻
говорить	(я) говорю́	говор-	говори́(те)	말해라(말하세요)
звонить	(я) звоню́	звон-	звони́(те)	전화해라(하세요)
смотреть	(я) смотрю́	смотр-	смотри́(те)	봐라(보세요)

да́льше 계속, 이어서

посмотре́ть (한번) 보다

Говори́те да́льше, я слу́шаю. 계속 말씀하세요, 듣고 있습니다.

Посмотри́те э́ту фотогра́фию. 이 사진을 한번 보세요.

3) 불규칙

다음 단어들은 자주 사용되지만 불규칙한 명령형 어미를 가지므로 따로 암기해둡니다.

동사원형	1인칭 단수형	명령형	뜻
есть	(я) ем	ешь(те)	먹어라(드세요)
пить	(я) пью	пей(те)	마셔라(마시세요)
быть	(я) бýду	будь(те)	be동사

Éшьте мнóго фрýктов. 과일을 많이 드세요.

Пéйте пи́во. 맥주를 마시세요.

Бýдьте здорóвы. 건강하세요.*

фрýкты (복수) 과일

пи́во 맥주

здорóвый 건강한

* 영어의 "Bless you."처럼 상대방이 재채기했을 때 건네는 말입니다.

ВЫРАЖЕНИЯ

1 일상생활에서 자주 쓰는 소유 표현

план 계획

У тебя́ е́сть пла́ны на за́втра? 내일 약속(계획)이 있니?

У меня нет пла́нов по́сле 6(шести́). 6시 이후엔 약속(계획)이 없어.

У вас сейча́с есть вре́мя? 지금 시간이 있으십니까?

Извини́те, ма́ло вре́мени. 죄송한데, 시간이 많이 없어요.

2 상점에서 쓰는 표현

Я ищу́ сви́тер. 저는 스웨터를 찾고 있어요.

Ско́лько э́то сто́ит? 이거 얼마예요?

У вас е́сть э́то в друго́м цве́те? 이거 다른 색 있나요?

У вас е́сть разме́р M? M 사이즈 있나요?

Я возьму́ его. 이거 살게요.

Да́йте, пожа́луйста, 2(два) сви́тера. 스웨터 두 벌 주세요.

Ско́лько сто́ит? 얼마예요?

Это сто́ит 500(пятьсо́т) рублей. 이것은 500 루블입니다.

Да́йте чек, пожа́луйста. 영수증 주세요.

Пожа́луйста. 여기요.

друго́й 다른
цвет 색상
размер 사이즈
взять 잡다, 사다
чек 영수증

ЛЕКСИКА

1 가족관계

할아버지	할머니
де́душка	ба́бушка
아버지	어머니
оте́ц / па́па	мать / ма́ма
삼촌	이모
дя́дя	тётя
오빠, 형	언니, 누나
ста́рший брат	ста́ршая сестра́
남동생	여동생
мла́дший брат	мла́дщая сестра́

УПРАЖНЕНИЯ

1 다음 표를 참고하여 가격을 말해 보세요.

구분	단수 주격	단수 생격	복수 생격
루블	рубль	рубля́	рубле́й
달러	до́ллар	до́ллара	до́лларов

1 15 루블 ____________

2 22 루블 ____________

3 500 루블 ____________

4 1 달러 ____________

5 63 달러 ____________

6 100 달러 ____________

7 31 루블 ____________

2 다음 단어를 결합해서 소유 형태를 만들어 보세요.

1 уче́бник + э́тот ма́льчик = ____________
이 소년의 교과서

2 кварти́ра + моя́ тётя = ____________
내 이모의 아파트

3 де́ти + его ста́рший брат = ____________
그의 형의 아이들

4 муж + на́ша учи́тельница = ____________
우리 선생님의 남편

5 кры́ша + большо́е зда́ние = ____________
큰 건물의 지붕

6 хозя́ин + но́вые маши́ны = ____________
새 자동차들의 주인

7 дире́ктор + отде́л = ____________
부서장

8 стихи́ + Пу́шкин = ____________
뿌시킨의 시

9 День + Побе́да = ____________
승리의 날(승전기념일)

10 факульте́т + ру́сский язы́к = ____________
러시아어 학과

3 괄호 안의 단어를 명령형으로 바꾸어 문장을 만들어 보세요.

1 (заходи́ть) пожа́луйста! Сади́тесь!
들어오세요! 앉으세요!

____

2 (дать) мне во́ду.
물을 주세요.

____

3 (реша́ть) э́ту пробле́му.
이 문제를 해결해라.

____

4 (отдыха́ть) до́ма.
집에서 쉬세요.

____

5 (купи́ть) уче́бники до понеде́льника.
월요일 전에 교과서를 구입하세요.

____

6 (начина́ть) писа́ть упражне́ния.
연습 문제 쓰기를 시작하세요.

---

4 주어진 단어를 활용하여 다음 문장을 작문해 보세요.

1 나는 내일 약속(пла́ны)이 있어.

2 나는 내일 약속이 없어.

3 그 남자에게는 건물이 있어.

4 그 남자에게는 일(рабо́та)이 없어.

5 그 여자에게는 아들들이 있어.

6 그 여자에게는 형제가 없어.

7 그들에게는 진통제(обезбо́ливающее лека́рство)가 없어요.

8 당신에게는 러-한 사전(ру́сско-коре́йский слова́рь)이 있나요?

УРОК 09

능력 러시아어로 쓸 수 있어요.

Я могу́ писа́ть по-ру́сски.

ДИАЛОГ

9-1

А: Приве́т, Чол-су! Что ты де́лаешь?

Б: Приве́т, Ма́ша. Я пишу́ в дне́внике́.

А: Ой, ты мо́жешь писа́ть по-ру́сски?

Б: Да, коне́чно могу́.

А: О чём ты пи́шешь?

Б: Я пишу́ о Москве́.

А: Здо́рово!

А: 안녕, 철수! 너 뭐 해?

Б: 안녕, 마샤. 나는 일기 쓰고 있어.

А: 오, 너 러시아어로 쓸 줄 알아?

Б: 응, 당연히 할 수 있지.

А: 무엇에 대해 쓰니?

Б: 모스크바에 대해 쓰고 있어.

А: 좋다!

А: Что ты хо́чешь пить?

Б: Я хочу́ пить ко́фе. А что ты хо́чешь?

А: Я хочу́ чёрный чай.

А: 너는 무엇을 마시고 싶니?

Б: 나는 커피를 마시고 싶어. 너는 무엇을 원하니?

А: 나는 홍차를 원해.

СЛОВАРЬ

писа́ть 쓰다

дне́вник 일기장

мочь 할 수 있다

коне́чно [까녜쉬나] 당연히

о (전치사) ~에 대하여

чём = что (무엇)의 전치격

Здо́рово! 좋다!, 멋지다!

ГРАММАТИКА

1 мочь - 할 수 있다

≪~를 할 수 있다≫라는 뜻의 мочь은 동사 변화가 특이하므로 잘 외워두어야 합니다. мочь 뒤에 목적어로는 동사원형을 사용합니다. 러시아어에서 ≪~하기≫ 또는 ≪~하는 것≫의 의미를 나타낼 때는 동사를 변화시키지 않고, 동사원형을 사용하기 때문입니다.

주어	мочь	목적어 (동사원형)
Я	могу́	писа́ть по-ру́сски 러시아어로 쓰다
Ты	мо́жешь	гото́вить раме́н 라면을 요리하다
Он/Она́	мо́жет	танцева́ть 춤추다
Мы	мо́жем	петь ру́сские пе́сни 러시아 노래를 부르다
Вы	мо́жете	рисова́ть карти́ны 그림을 그리다
Они	мо́гут	води́ть маши́ну 자동차를 운전하다

Я могу́ говорить по-ру́сски. 나는 러시아어로 말할 줄 안다.

Ты мо́жешь танцева́ть? 너는 춤출 줄 아니?

Что ты мо́жешь де́лать? 너는 무엇을 할 줄 아니?

Она́ мо́жет води́ть маши́ну. 그 여자는 자동차를 운전할 수 있다.

2 O 전치격

전치사 o와 명사 전치격을 조합하면 ≪~에 대하여≫라는 뜻이 됩니다. (일반명사 전치격 5과 참조)

구분	주격 어미	예시	전치격 어미	전치사	전치격	뜻
남성	자음	муж	+е	о	мýже	남편에 대해
	й	музéй	е	о	музée	박물관에 대해
	ь	словáрь	е	о	словарé	사전에
여성	а	Москвá	е	о	Москвé	모스크바에 대해
	я	Корéя	е	о	Корée	한국에 대해
	ь	нóвость	и	о	нóвости	소식에 대해서
중성	о	лицó	е	о	лицé	얼굴에 대해
	е	мóре	е	о	мóре	바다에 대해

| 인칭대명사 전치격 |

주격	о 전치격
я	обо мнé*
ты	о тебé
он	о нём
она	о нéй
мы	о нáс
вы	о вáс
они	о ни́х

* 전치사 о는 모음 앞에서 об, 연속되는 자음 앞에서 обо로 변합니다.

| 의문사 전치격 |

의문사	о 전치격
кто(누구)	о кóм
что(무엇)	о чём

О чём ты пи́шешь? 너는 무엇에 대해 쓰니?

Я пишý о Москвé. 나는 모스크바에 대해 쓴다.

Он ду́мает о семье́. 그는 가족에 대해 말한다.

Вы хорошо́ зна́ете обо мне́! 당신은 저에 대해 잘 아시는군요!

Она́ никогда́ не говори́т о себе*. 그 여자는 절대 자신에 대해 말하지 않는다.

* 전치격 자리에 오는 명사가 주어를 그대로 지칭할 때 (그녀 자신), о не́й가 아니라 재귀대명사 о себе를 사용합니다.

3 хотеть - 원하다

무언가(명사)를 원하거나, 무엇을 하기(동사)를 원할 때 хотеть를 사용할 수 있습니다. 이 동사는 특이한 변화형을 갖습니다.

주어	хоте́ть	목적어
Я	хочу́	• **명사 대격** ко́фе 커피 блины́ 블린(러시아식 팬케이크) во́ду 물 • **동사원형** гуля́ть 산책하다 отдыха́ть 쉬다 изуча́ть ру́сский язы́к 러시아어를 공부하다
Ты	хо́чешь	
Он/Она́	хо́чет	
Мы	хоти́м	
Вы	хоти́те	
Они	хотя́т	

Что ты хо́чешь? 너는 무엇을 원하니(먹고 싶니)?

Что вы хоти́те де́лать? 당신은 무엇을 하고 싶나요?

Что вы хоти́те заказа́ть? 당신들은 무엇을 주문하고 싶나요?

Я хочу́ ко́фе и блины́. 저는 커피와 팬케이크를 원해요(먹고 싶어요).

Мы хоти́м отдыха́ть. 우리는 쉬고 싶어요.

Мари́я хо́чет гуля́ть в па́рке. 마리야는 공원에서 산책하고 싶어 해.

ВЫРАЖЕНИЯ

러시아어의 부사는 단독 서술어로 사용하거나, 동사를 수식할 때 사용할 수 있습니다. 그리고 날씨, 기온 등을 표현할 때도 부사를 사용합니다.

1 부사의 단독 서술어 사용

Хорошо́!	좋아!
Коне́чно!	당연하지!
Отли́чно!	훌륭해!
Пра́вильно!	맞아!
Краси́во!	아름답구나!

2 부사의 동사 수식

Вы хорошо́ говори́те по-коре́йски.	당신은 한국어로 잘 말하시는군요.
Я коне́чно зна́ю его́.	나는 당연히 그 남자를 안다.
Она́ отли́чно игра́ет в те́ннис.	그 여자는 테니스를 아주 잘 쳐.
Ми-ён пра́вильно чита́ет по-ру́сски.	미영이는 러시아어로 정확하게 읽는다.
Он о́чень краси́во поёт.	그 남자는 아주 아름답게 노래한다.

3 부사의 날씨·기온 표현

Кака́я сего́дня пого́да?	오늘 날씨가 어때요?
Сего́дня* жа́рко.	오늘은 더워요.
Сего́дня тепло́.	오늘은 따뜻해요.
Сего́дня прохла́дно.	오늘은 선선해요.
Сего́дня хо́лодно.	오늘은 추워요.
Сего́дня со́лнечно.	오늘은 화창해요.
Сего́дня па́смурно.	오늘은 흐려요.

* '오늘'이라는 뜻을 가진 시간 부사 сегодня는 [시고드냐]가 아닌 [시vo드냐]로 발음되는 것에 주의합니다.

УПРАЖНЕНИЯ

1 빈칸에 들어갈 알맞은 단어를 넣으세요.

1 Кто ______________ отве́тить на э́тот вопро́с?
누가 이 문제에 대답할 수 있니?

2 Я ______________ помо́чь.
내가 도와줄 수 있어.

3 Мы ______________ встре́титься за́втра?
우리 내일 만날 수 있을까요?

4 Э́тот ребёнок уже́ ______________ ходи́ть.
이 아이는 벌써 걸어 다닐 수 있어.

5 Ты ______________ вы́учить э́ти слова́?
너는 이 단어들을 외울 수 있니?

6 Она́ ______________ рабо́тать в суббо́ту?
그 여자는 토요일에 일할 수 있습니까?

7 Вы ______________ понима́ть текст?
여러분은 텍스트를 이해할 수 있습니까?

2 빈칸에 들어갈 알맞은 단어를 넣으세요.

1 Мари́на ______________ моро́жное, а Михаи́л ______________ горя́чий ко́фе.
마리나는 아이스크림을, 미하일은 뜨거운 커피를 원해.

2 Что вы ______________ пить?
무엇을 마시고 싶으세요?

3 Все ______________ жить в хоро́шей кварти́ре.
모든 사람들은 좋은 아파트에 살고 싶어 한다.

4 Я не ______________ вас беспоко́ить.
저는 당신을 걱정시키고 싶지 않아요.

5 Мы ______ отдыха́ть на о́строве Чеджу́.
우리는 제주도에서 쉬고 싶다.

6 Ты не ______ пойти́ в кино́?
너 영화 보러 가지 않을래?

③ 주어진 단어와 적절한 전치사를 활용하여 다음 문장을 작문해 보세요.

1 이것은 무엇에 관한 기사인가요?
(что, э́то, статья́)

______

2 이것은 한국 문화에 대한 기사입니다.
(э́то, статья́, коре́йская культу́ра)

______

3 우리는 경제에 대해 이야기한다.
(мы, говори́ть, эконо́мика)

______

4 그들은 러시아 문화에 대해 쓴다.
(они́, писа́ть, ру́сская культу́ра)

______

5 교수와 학생은 연구 결과에 대해 논쟁한다.
(профе́ссор и студе́нт, спо́рить, результа́т иссле́дования)

______

6 나는 러시아 여행에 대해 꿈꾼다.
(я, мечта́ть, путеше́ствие по Росси́и)

______

7 친구들이 너에 대해 알고 싶어 해.
(друзья́, хоте́ть, узна́ть, ты)

______

результа́т 결과
иссле́дование 연구
путеше́ствие 여행

4 주어진 단어를 활용하여 다음 문장을 작문해 보세요.

1 너는 러시아어를 정말 잘하는구나(говори́ть)!

---

2 당연하지! 나는 공부를 많이 해(занима́ться мно́го).

---

3 한국인들은 사랑(любо́вь)에 대해 노래하는 것(петь)을 좋아한다(люби́ть).

---

4 당신은 보르쉬(борщ)를 요리할 수 있습니까(гото́вить)?

---

5 우리 부모님은 나를 잘 이해하지 못하셔(хорошо́ понима́ть).

УРОК **10**

허락 앉아도 되나요?

Мо́жно сесть?

ДИАЛОГ

10-1

A: Ты не хо́чешь пойти́ в кино́ сего́дня ве́чером?

Б: Я о́чень хочу́, но не могу́. Я до́лжен де́лать дома́шнее зада́ние.

A: 너 오늘 저녁에 영화관에 가지 않을래?

Б: 정말 가고 싶지만, 못 가. 나는 숙제를 해야 해.

A: Скажи́те, пожа́луйста. Здесь мо́жно кури́ть?

Б: Нет, нельзя́.

A: 말해주세요. 여기서 담배를 피울 수 있나요?

Б: 아니요, 안 됩니다.

A: Извини́те, мо́жно сесть?

Б: Да, пожа́луйста.

A: 죄송합니다만, 앉아도 되나요?

Б: 네, 앉으세요.

A: Каку́ю му́зыку вы лю́бите?

Б: Мне нра́вится К-поп.

A: 당신은 어떤 음악을 좋아하십니까?

Б: 저는 케이팝이 맘에 들어요.

СЛОВАРЬ

кино́ 영화, 영화관

сего́дня 오늘

ве́чером 저녁에

до́лжен/должна́/должны́ 해야 한다

дома́шнее зада́ние 숙제

здесь 여기

мо́жно 할 수 있다/해도 된다

кури́ть 담배 피우다

нельзя́ 하면 안 된다

ГРАММАТИКА

1 의무 표현하기

≪~해야 한다≫라는 의무 표현은 주어의 성과 수를 파악하여 형용사 단어미형인 дóлжен/должнá/должны́를 쓰고 그 뒤에 동사원형을 붙이면 됩니다.

<table>
<tr><th colspan="2">주어</th><th>해야 한다</th><th>동사원형</th><th>뜻</th></tr>
<tr><td rowspan="4">남성</td><td>Я</td><td rowspan="4">дóлжен</td><td rowspan="12">рабóтать мнóго
писáть письмó
пойти́ в шкóлу
купи́ть кварти́ру
звони́ть домóй
читáть журнáл
смотрéть футбóл
дéлать домáшнее задáние
помы́ть рýки
занимáться спóртом
одевáться теплó</td><td rowspan="12">일을 많이 하다
편지를 쓰다
학교에 가다
아파트를 구입하다
집으로 전화하다
잡지를 읽다
축구를 보다
숙제를 하다
손을 씻다
운동을 하다
따뜻하게 옷 입다</td></tr>
<tr><td>Ты</td></tr>
<tr><td>Он</td></tr>
<tr><td>Влади́мир</td></tr>
<tr><td rowspan="4">여성</td><td>Я</td><td rowspan="4">должнá</td></tr>
<tr><td>Ты</td></tr>
<tr><td>Онá</td></tr>
<tr><td>Ири́на</td></tr>
<tr><td rowspan="4">복수</td><td>Мы</td><td rowspan="4">должны́</td></tr>
<tr><td>Вы</td></tr>
<tr><td>Они́</td></tr>
<tr><td>Лю́ди</td></tr>
</table>

Вы должны́ помы́ть рýки пóсле туалéта.

당신은 화장실을 다녀온 후 손을 씻어야 해요.

Мы должны́ смотрéть нóвый фильм!

우리는 새로운 영화를 봐야 해!

Я дóлжен(должнá) купи́ть продýкты сегóдня.

나는 오늘 식료품을 사야 해.

② 허락 묻기, 가능성 표현하기

부사 **мóжно**는 허락을 구하거나 허락할 때 사용하는 표현입니다. 간단하게 동사원형과 결합합니다.

Мóжно спросúть? 물어봐도 되나요?

Мóжно пройти? 지나가도 되나요?

Да, мóжно. 네, 됩니다.

пройти 지나가다, 통과하다

③ 금지하기

반면, '**нельзя́** + 동사원형'을 사용하여 금지하는 표현을 할 수 있습니다.

Здесь нельзя́ курúть.
여기서는 담배를 피우면 안 됩니다.

Нельзя́ переходúть дорóгу на крáсный свет!
빨간불에 길을 건너면 안 됩니다!

переходúть (길을) 건너다

④ 좋아하다 - **любúть** / 마음에 들다 - **нрáвиться**

좋아하는 대상을 표현할 때는 두 가지 형태로 만들 수 있습니다. 첫 번째로, 《사랑하다》라는 의미의 **любúть** 동사를 사용한 표현입니다.

주어	동사	목적어 (대격)	뜻
Я	люблю́	тебя́	너를
Ты	лю́бишь	кимчú	김치를
Он/Она	лю́бит	кинó	영화를
Мы	лю́бим	Санкт-Петербýрг	상트페테르부르크를
Вы	лю́бите	рýсскую мýзыку	러시아 음악을
Они	лю́бят	корéйскую кýхню	한국 음식을

Я люблю́ тебя́. 나는 너를 사랑해.

Онá лю́бит Санкт-Петербýрг. 그 여자는 상트페테르부르크를 사랑한다.

Онú лю́бят рýсскую мýзыку. 그들은 러시아 음악을 사랑한다.

두 번째로, ≪~에게 ~가 마음에 든다≫라고 표현할 수도 있습니다. 이때는 동사 **нрáвиться**를 사용하며, 주어는 사람이 아닌 사물이 됩니다.

나에게 (여격)	마음에 든다	~이 (주격)
Мне	нрáвится	사물 (단수)
	нрáвятся	사물 (복수)

Мне нрáвится Сеýл. 저는 서울이 마음에 들어요.

Мне нрáвятся большúе городá. 저는 큰 도시들이 마음에 들어요.

'나'말고도, 아래의 여격 형태를 사용하여 여러 인칭의 선호 표현이 가능합니다.

*14과에서 더 자세히 다룰 예정입니다.

| 인칭대명사 여격* |

주격	여격
я	мне
ты	тебé
он	емý
она	ей
мы	нам
вы	вам
они	им

Тебé нрáвится К-поп? 너는 케이팝을 좋아하니?

Емý нрáвятся америкáнские фúльмы. 그 남자는 미국 영화를 좋아해.

Вам нрáвится рýсская литератýра? 당신은 러시아 문학을 좋아하십니까?

любить 또는 **нравиться** 구문에서 명사 대신 동사를 넣어서 ≪~하는 것을 좋아하다≫라는 뜻을 만들 수 있습니다.

велосипéд 자전거

Вы люби́те путешéствовать? 당신은 여행하는 것을 좋아하시나요?

Мне нрáвится катáться на велосипéде. 나는 자전거 타는 것을 좋아한다.

ВЫРАЖЕНИЯ

1 취미 표현하기

любить와 нравиться를 사용하여 취미를 표현해 봅시다.

А: **Что вы лю́бите де́лать в свобо́дное вре́мя?**
여가시간에 무엇을 하는 것을 좋아하시나요?

Б: **Я люблю́ смотре́ть ста́рые фи́льмы.**
저는 오래된 영화를 보는 걸 좋아해요.

А: **А вам не нра́вится слу́шать му́зыку?**
그렇다면 당신은 노래 듣는 것은 안 좋아하시나요?

Б: **Мне нра́вится, но слу́шаю не о́чень ча́сто.**
좋아하긴 하지만, 많이 듣지는 않아요.

ча́сто 자주

2 공부하다 - изучать, учиться, заниматься 구분하기

изучать와 учиться 모두 ≪공부하다≫라는 뜻을 갖지만, 쓰임새는 다릅니다. 먼저, изучать의 경우 공부하는 대상, 즉 "목적어(대격)"가 필요합니다.

Я изуча́ю ру́сский язы́к.
저는 러시아어를 공부합니다.

Он изуча́ет матема́тику.
그는 수학을 공부한다.

Студе́нты изуча́ют коре́йскую культу́ру.
학생들은 한국 문화를 공부한다.

рабо́тать 일하다

반면, учиться의 경우 ≪교육을 받다≫라는 의미가 포함되어 있으므로 대격 목적어가 아닌 교육기관, 즉 "장소"가 필요합니다. 장소를 특별히 명시하지 않는 경우, 학생의 신분임을 나타냅니다.

Где вы у́читесь?
당신은 어디서 공부하십니까?

Ты у́чишься или рабо́таешь?
너는 학생이니, 직장인이니?

Я учу́сь в университе́те.

저는 대학교에서 공부합니다.

Моя́ подру́га у́чится в Екатеринбу́рге.

제 친구는 예카테린부르크에서 공부해요.

그런데 우리는 학교에서 뿐만 아니라 도서관(библиотека), 집(дом), 카페(кафе)에서도 공부합니다. 이때는 заниматься를 사용할 수 있습니다.

Что ты де́лаешь?

너 뭐 하니?

Я занима́юсь до́ма.

나는 집에서 공부해.

Он лю́бит занима́ться в кафе́.

그는 카페에서 공부하는 걸 좋아해.

учиться, заниматься처럼 -ся가 붙는 동사를 볼 수 있습니다. 이 동사는 어미에 따라 сь 또는 ся를 마지막에 붙여 완성합니다.

1식 동사 заниматься				2식 동사 учиться			
주어	어근	어미	ся	주어	어근	어미	ся
Я	занима	ю	сь	Я	уч	у	сь
Ты		ешь	ся	Ты		ишь	ся
Он/Она		ет	ся	Он/Она		ит	ся
Мы		ем	ся	Мы		им	ся
Вы		ете	сь	Вы		ите	сь
Они		ют	ся	Они		ат	ся

어미가 모음으로 끝나면 сь를, 자음으로 끝나면 ся를 붙입니다.

УПРАЖНЕНИЯ

1 주어진 단어를 활용하여 다음 문장을 작문해 보세요.

1 여기서 담배를 피워도 되나요? (кури́ть, здесь)

2 내일 표를 사도 되나요? (за́втра, купи́ть биле́ты)

3 당신은 약을 먹어야 해요. (пить лека́рство)

4 우리는 학비를 내야 해요. (оплати́ть за учёбу)

5 컴퓨터 게임을 많이 하면 안 돼. (игра́ть в компью́терные и́гры, мно́го)

6 여기서 사진을 찍으면 안 됩니다. (здесь, фотографи́ровать)

7 나는 시험에 합격해야 해. (сдать, экза́мен)

8 공원에서 술을 마시면 안 됩니다. (пить, алкого́ль, парк)

9 세르게이의 연락처를 받을 수 있나요? (получи́ть, конта́кт, Серге́й)

10 어디에 차를 주차할 수 있나요? (где, паркова́ть, маши́на)

❷ 다음 문장을 두 가지 형태로 만들어 보세요.

1 나는 한국 자동차들(корéйские маши́ны)이 좋아.

2 너는 모스크바(Москвá)를 좋아하니?

3 우리는 홍차(чёрный чай)를 좋아해요.

4 그 남자는 케이팝(К-поп мýзыка)을 좋아해.

5 할머니는 고양이(кот)를 좋아하지 않아.

6 그 여자는 블라지미르(Влади́мир)를 좋아해.

7 당신은 유럽 문학(европéйская литератýра)을 좋아하나요?

8 학생들은 수학(математи́ка)을 좋아하지 않아요.

3 다음 질문에 대한 대답을 두 가지 형태로 만들어 보세요.

1 Вам нра́вится смотре́ть телеви́зор?

2 Где вы лю́бите занима́ться?

3 Вы у́читесь или рабо́таете?

4 Что вы хоти́те изуча́ть?

5 Что вы лю́бите де́лать в свобо́дное вре́мя?

УРОК 11

과거 어제 뭐 했어요?

Что вы де́лали вчера́?

ДИАЛОГ

11-1

А: Где ты была́ вчера́? Я звони́л, но ты не отвеча́ла.

Б: А, днём я гуля́ла по го́роду.

А: Да? Что ты ви́дела?

Б: Я ви́дела Кра́сную Пло́щадь и Моско́вский Кре́мль.

А: Замеча́тельно! С кем ты гуля́ла?

Б: Я гуля́ла со свое́й подру́гой, Али́ной.

А: Что вы де́лали ве́чером?

Б: Мы у́жинали в краси́вом кафе́.

А: 너 어제 어디에 있었니? 전화했는데, 안 받더라.

Б: 아, 낮에는 도시를 돌아다니며 산책했어.

А: 그래? 무엇을 봤니?

Б: 붉은 광장과 모스크바 크렘린궁을 봤어.

А: 멋지다! 누구랑 산책했니?

Б: 내 친구 알리나와 산책했어.

А: 저녁에는 뭐 했어?

Б: 우리는 멋진 식당에서 저녁을 먹었어.

СЛОВАРЬ

вчера́ 어제

звони́ть 전화하다

отвеча́ть 대답하다

днём 낮에

гуля́ть 산책하다

Кра́сная Пло́щадь 붉은 광장

Моско́вский Кремль 모스크바 크렘린궁

замеча́тельно! 멋지다!

у́жинать 저녁식사하다

краси́вый 아름다운, 멋진

ГРАММАТИКА

1 동사의 과거형

러시아어 동사로 과거시제를 표현해보겠습니다. 현재시제*에서는 주어의 인칭에 따라 6가지로 변화했다면, 과거시제는 주어의 성, 수에 따라 4가지로 변화합니다.

현재시제에서 1식 변화와 2식 변화를 나누던 것과 달리, 과거시제는 **-ть**를 제외하고 남는 어간에 성, 수에 맞는 어미를 붙입니다.

| 동사원형에서 동사 과거형 만드는 법 |

① 동사원형에서 -ть를 뗀다. **быть**
бы-
② 주어가 남성일 경우 + -л бы-**л**
여성일 경우 + -ла бы-**ла**
중성일 경우 + -ло бы-**ло**
복수일 경우 + -ли бы-**ли**

동사원형	남성	여성	중성	복수	뜻
быть	бы́л	была́	бы́ло	бы́ли	있었다
звонить	звони́л	звони́ла	звони́ло	звони́ли	전화했다
отвечать	отвеча́л	отвеча́ла	отвеча́ло	отвеча́ли	대답했다
гулять	гуля́л	гуля́ла	гуля́ло	гуля́ли	산책했다
делать	де́лал	де́лала	де́лало	де́лали	했다
пить	пил	пи́ла	пи́ло	пи́ли	마셨다
чита́ть	чита́л	чита́ла	чита́ло	чита́ли	읽었다

Я **был** в университе́те. 나(남성)는 학교에 있었다.

Я **была́** в университе́те. 나(여성)는 학교에 있었다.

Ники́та **пил** ко́фе. 니키타는 커피를 마셨다.

Али́на **пила́** вино́. 알리나는 와인을 마셨다.

Папа **чита́л** рома́н. 아버지는 소설을 읽으셨다.

Мы **чита́ли** кни́ги. 우리는 책을 읽었다.

* 현재시제: 6과 참조

2 시간 표현 부사

* 미래시제: 13과 참조

≪어젯밤에 저는 책을 읽고 있어요.≫라는 문장은 이상하지요? 시간 부사와 동사의 시제가 불일치하기 때문입니다. 러시아어 역시 문장에 등장하는 시간 부사와 동사의 시제가 일치해야 합니다.

예전에	그지께	어제	오늘	내일	내일 모레
ра́ньше	позавчера́	вчера́	сего́дня	за́втра	послеза́втра
오래전에	얼마 전에	방금 전에	지금	다음에	나중에
давно́	неда́вно	то́лько что	сейча́с	пото́м	по́зже
과거			과거 현재 미래	미래	

Я **вчера́** ра́но за́втракал(а). 나는 어제 일찍 아침식사를 했다.

Я **сего́дня** чита́л(а) газе́ту. 나는 오늘 신문을 읽었다.

Я **сейча́с** гуля́ю с соба́ками. 나는 지금 강아지와 산책하고 있다.

3 조격

본문 대화에서 ≪나는 내 친구와 산책했어.≫라는 표현이 나옵니다. ≪~와 함께≫라는 뜻을 만들기 위해서는 전치사 с와 함께 조격을 사용합니다.

| 인칭대명사 조격 |

주격	조격
я	со мно́й
ты	с тобо́й
он	с ним
она	с ней
мы	с на́ми
вы	с ва́ми
они	с ни́ми

Я рабо́таю **с ним***. 나는 그와 함께 일해.

Она́ живёт** **со мной**. 그 여자는 나와 함께 살아.

*원래 조격형태는 им이지만 전치사와 같이 쓰일 경우에는 앞에 н을 붙입니다.

** жить(살다, 거주하다)의 현재시제 인칭변화

주어	동사
Я	живу́
Ты	живёшь
Он/Она́	живёт
Мы	живём
Вы	живёте
Они́	живу́т

주격	조격	с 조격
кто	кем	с кем
что	чем	с чем

С кем ты встреча́ешься? 너는 누구와 만나고 있니?

С чем э́ти пироги́? 이 파이에는 뭐가 들었니?

| 일반명사 조격 |

성·수	주격어미	예시	조격어미	예시	뜻
남성	자음	студе́нт	ом	со* студе́нтом	학생과 함께
	й	Серге́й	ем	с Серге́ем	세르게이와 함께
	ь	гость	ем	с го́стем	손님과 함께
여성	а	сестра́	ой	с сестро́й	자매와 함께
	я	Ната́лья	ей	с Ната́льей	나탈리야와 함께
	ь	по́мощь	ью	с по́мощью	도움으로
중성	о	сло́во	ом	со* сло́вом	단어와 함께
	е	упражне́ние	ем	с упражне́нием	연습문제와 함께
	мя	вре́мя	менем	со* вре́менем	시간이 지나면서
복수	자음/ а/о	студе́нт кни́га	ами	со* студе́нтами с кни́гами	학생들과 함께 책들과 함께
	й/я/ ь/е	пе́сня гость	ями	с пе́снями с гостя́ми	노래들과 함께 손님들과 함께

* 전치사 없이 사용되는 조격: p.118 조격의 활용을 참고

встреча́ться
만나다 (불완료상)

пироги́ 파이

* 단어의 처음이 2개 이상의 자음으로 시작할 때, 발음상 편의를 위해 с 대신 со를 사용합니다.

| 형용사 조격 |

성·수	주격	어미	조격
남성	мой	ым/им	мои́м
	э́тот		э́тим
	како́й		каки́м
	но́вый		но́вым
	хоро́ший		хоро́шим
여성	моя́	ой/ей	мое́й
	э́та		э́той
	кака́я		како́й
	но́вая		но́вой
	хоро́шая		хоро́шей
중성	моё	ым/им	мои́м
	э́то		э́тим
	како́е		каки́м
	но́вое		но́вым
	хоро́шее		хоро́шим
복수	мои́	ыми/ими	мои́ми
	э́ти		э́тими
	каки́е		каки́ми
	но́вые		но́выми
	хоро́шие		хоро́шими

Мы встре́тились с ру́сским писа́телем. 우리는 러시아 작가와 만났다.

Он живёт с мое́й семьёй. 그는 우리 가족과 함께 살아.

Сего́дня я рабо́таю с но́выми колле́гами. 오늘 나는 새 동료들과 일한다.

встре́титься 만나다 (완료상)

писа́тель 작가

семья́ 가족

колле́га 동료

1) 조격의 활용 - 도구격

조격의 가장 기본적인 용도는 ≪도구≫ 표현입니다. 전치사 없는 조격을 사용하면 '~를 사용하여', '~으로' 등의 뜻을 만들 수 있습니다.

Ты мо́жешь есть раме́н **па́лочками**? 너는 젓가락으로 라면을 먹을 수 있니?

Пиши́те и́мя **ру́чкой**. 펜으로 이름을 쓰세요.

Она́ украща́ет дом **цвета́ми**. 그 여자는 꽃으로 집을 꾸민다.

па́лочки (복수) 젓가락
украща́ть 꾸미다
цветы́ (복수) 꽃

2) 조격의 활용 - 조격 지배 동사

동사 중에는 목적어 자리에 조격을 필요로 하는 동사들이 있습니다. 많은 동사들이 있지만 가장 기초적인 동사를 몇 가지 배워보겠습니다.

① 지위/직업 등을 나타내는 быть

быть는 현재형에서 생략되므로 과거형과 미래형에서만 조격이 사용됩니다.

[과거] Я был студе́нт**ом**. 나는 학생이었다.
[현재] Я - студе́нт. 나는 학생이다.
[미래] Я бу́ду студе́нт**ом**. 나는 학생이 될 것이다.

② ≪~가 되다≫ стать

Мой друг стал юри́стом. 내 친구는 법률가가 되었다.

Я стану́* космона́втом. 나는 우주인이 될 것이다.

юри́ст 법률가
космона́вт 우주인
* стать는 현재시제에서 н을 추가하여 стану / станешь / ... / станут 등으로 변합니다.

③ ≪공부하다, 연습하다, ~일을 하다≫ заниматься

Кем вы занима́етесь? = Кто вы? 무슨 일을 하세요?

Моя́ ма́ма занима́ется социоло́гией. 우리 엄마는 사회학을 연구하신다.

Он рабо́тает официа́нтом. 그는 종업원으로 일한다.

социоло́гия 사회학
официа́нт 종업원

сиде́ть 앉아 있다

заня́тие 수업

3) 조격의 활용 - 조격 지배 전치사

몇 가지 전치사들 역시 조격을 필요로 합니다.

~와 함께	~뒤에	~아래에	~앞에	사이에
с	за	под	перед	между

Я за ва́ми. 나는 너희들 뒤에 있어.

Ребёнок сиде́л под столо́м. 아이는 책상 아래에 앉아 있었다.

Пе́ред заня́тием мы обе́даем. 수업 전에 우리는 점심을 먹는다.

Ме́жду зда́ниями есть мно́го маши́н. 건물 사이에 차가 많다.

4) 조격 시간표현

계절 또는 하루 일과 표현에도 조격이 사용되는 경우가 있습니다. 주격, 대격과 비교한 예문을 통해 살펴보겠습니다.

주격(~은)	대격(~을)	조격(~에)	뜻
весна́	весну́	весно́й	봄에
ле́то	ле́то	ле́том	여름에
о́сень	о́сень	о́сенью	가을에
зима́	зи́му	зимо́й	겨울에
у́тро	у́тро	у́тром	아침에
день	день	днём	낮에
ве́чер	ве́чер	ве́чером	저녁에
ночь	ночь	но́чью	밤에

люби́мый 좋아하는

вре́мя го́да 계절

пи́кник 피크닉

Весна́ – э́то моя́ люби́мое вре́мя го́да.
봄은[주격] 내가 좋아하는 계절이다.

Я люблю́ весну́.
나는 봄을[대격] 사랑한다.

Весно́й я хожу́ на пикники́.
봄에[조격] 나는 피크닉을 다닌다.

До́брое у́тро!
좋은 아침이에요[주격]!

Сего́дня у́тром я е́л(а) рис с яйцо́м.
오늘 아침에[조격] 나는 계란밥을 먹었다.

ВЫРАЖЕНИЯ

1 축하하기

Поздравлять(축하하다)에 С + 조격을 사용하여 축하의 표현을 만들 수 있습니다. 이 경우 보통 주어(Я)는 생략됩니다.

주어	Поздравля́ть	대격 목적어	с 조격
(я)	Поздравля́ю	Вас	с днём рожде́ния!
(제가)	당신의 생일을 축하드립니다!		

*день(날)의 조격 형태 = днём

Поздравля́ть 없이 с + 조격만으로도 축하 의미를 전달할 수 있습니다.

Поздравля́ю с Но́вым го́дом! 새해 복 많이 받으세요!
= С Но́вым го́дом!

Поздравля́ю с пра́здником! 축일을 축하해!
= С пра́здником!

Поздравля́ю с Рождество́м! 메리 크리스마스!
= С Рождество́м!

УПРАЖНЕНИЯ

1 괄호 안의 단어를 과거형으로 바꾸어 문장을 만들어 보세요.

1 Она́ (ви́деть) его́ фотогра́фию.
그녀는 그의 사진을 봤다.

2 Мы (смотре́ть) коре́йский фильм.
우리는 한국 영화를 봤다.

3 Моя́ семья́ (купи́ть) но́вую кварти́ру.
우리 가족은 새 아파트를 구입했다.

4 Что вы (де́лать) вчера́?
당신은 어제 뭐 하셨나요?

5 Я (гото́вить) вку́сный торт.
나는 맛있는 케이크를 요리했다.

6 Нача́льник (пригласи́ть) нас на встре́чу.
상사가 우리를 미팅에 초대했다.

7 Ра́ньше они́ (жить) в ста́ром общежи́тии.
예전에 그들은 오래된 기숙사에 살았다.

8 Преподава́тель (спроси́ть) меня́, и я (отве́тить).
선생님이 나에게 질문하셨고, 나는 대답했다.

9 На же́нский день я (пода́рить) жене́ цветы́.
여성의 날에 내가(남성) 아내에게 꽃을 선물했다.

10 Собáка дóлго (спать) на подýшке.
강아지가 오랫동안 베개 위에서 잤다.

2 괄호 안의 단어를 알맞게 격변화하여 문장을 만들어 보세요.

1 Он мечтáет стать (хорóший бизнесмéн).
그는 좋은 사업가가 되기를 꿈꾼다.

2 Ребёнок рисýет (крáсный карандáш).
아이는 빨간색 연필로 그림을 그린다.

3 Э́ти студéнты бýдут (вели́кие профессорá).
이 학생들은 훌륭한 교수들이 될 것이다.

4 Я занимáюсь (рáзные инострáнные языки́).
나는 다양한 외국어를 배우고 있다.

5 Корéйский ресторáн – мéжду (кни́жный магази́н) и (пóчта).
한국 식당은 서점과 우체국 사이에 있다.

6 Мы готóвим пироги́ с (мя́со) и (óвощи).
우리는 고기와 채소를 넣은 파이를 만들고 있다.

3 괄호 안의 단어를 알맞게 격변화하여 문장을 만들어 보세요.

1 С (что) вы хоти́те ко́фе?
커피에 무엇을 넣어 드시겠어요?

2 Я хочу́ ко́фе с (молоко́).
저는 우유를 넣은 커피를 마시고 싶어요.

3 Я пью чай с (са́хар).
저는 설탕과 함께 차를 마셔요.

4 Мы с (он) ча́сто игра́ем в футбо́л.
우리는 그 남자와 함께 자주 축구를 한다.

5 О́чень ра́да с (Вы) познако́миться!
당신과 만나게 되어 정말 기뻐요!

6 Де́ти изуча́ют англи́йский язы́к с (хоро́шие учи́тели).
아이들은 좋은 선생님들과 함께 영어를 배운다.

7 Па́па разгова́ривает с (ма́ма).
아빠는 엄마와 이야기하고 있다.

8 Он познако́мил меня́ с (но́вый инжене́р).
그는 나와 새로운 엔지니어를 소개해주었다.

9 На́стя встре́тилась с (молодо́й худо́жник) на вы́ставке.
나스쨔는 전시회에서 젊은 화가를 만났다.

10 Я до́лжен поговори́ть об э́том с (жена́).
저는 이것에 대해 아내와 이야기해봐야 합니다.

УРОК 12

병원 몸 상태가 어때요?

Как вы себя́ чу́вствуете?

ДИАЛОГ

12-1

СЛОВАРЬ

Чу́вствовать себя́ хорошо́/пло́хо 컨디션이 좋다/안 좋다

боле́ть/заболе́ть 아프다

температу́ра 열

высо́кий 높은

го́рло 후두

ка́шлять 기침하다

сходи́ть 다녀오다

К сожале́нию 안타깝게도

апте́ка 약국

на́до ~를 해야 한다

вы́пить 마시다, (약을) 복용하다

лека́рство 약

идти́/пойти 가다

вме́сте 함께

А: Как вы себя́ чу́вствуете?

Б: Я пло́хо себя́ чу́вствую. Я вчера́ заболе́л гри́ппом.

А: У вас есть температу́ра?

Б: Температу́ра высо́кая. Го́рло боли́т и ка́шляю.

А: Вы сходи́ли к врачу́?

Б: К сожале́нию, в воскресе́нье кли́ники не рабо́тают.

А: Дава́йте пойдём в апте́ку. Вам на́до вы́пить лека́рство.

Б: Спаси́бо за по́мощь.

В: Куда́ вы идёте?

А: Мы идём в апте́ку.

В: Дава́йте пое́дем вме́сте на маши́не. На у́лице хо́лодно.

А: 오늘 컨디션이 어때요?

Б: 컨디션이 안 좋아요. 저는 어제 감기에 걸렸어요.

А: 열이 나나요?

Б: 열이 높아요. 목이 아프고 기침도 해요.

А: 의사에게 가 봤나요?

Б: 안타깝게도, 일요일에는 병원이 문을 열지 않아요.

А: 약국에 갑시다. 당신은 약을 먹어야 해요.

Б: 도움을 줘서 고마워요.

В: 어디에 가세요?

А: 우리는 약국에 가고 있어요.

В: 차를 타고 같이 갑시다. 밖은 추워요.

ГРАММАТИКА

1 이동동사

이동동사는 '가다' 또는 '오다'의 뜻을 가진 동사입니다. 러시아어의 이동동사는 아주 많지만, 정태/부정태의 구분과 교통수단을 이용하는지에 따라 크게 네 가지로 나눌 수 있습니다.

구분	정태	부정태
의미	목적지가 분명함	목적지가 분명하지 않음
	한 방향으로 진행	왕복된 행위 (다녀오다)
	현재/과거 진행	반복되는 행위
걸어서 오다/가다	идти́	ходи́ть
교통수단 이용	е́хать	е́здить

위 네 단어의 동사 변화 형태를 살펴보겠습니다.

구분		정태		부정태	
		идти́	е́хать	ходи́ть	ездить
현재 시제	Я	иду́	е́ду	хожу́	е́зжу
	Ты	идёшь	е́дешь	хо́дишь	е́здишь
	Он/Она	идёт	е́дет	хо́дит	е́здит
	Мы	идём	е́дем	хо́дим	е́здим
	Вы	идёте	е́дете	хо́дите	е́здите
	Они	иду́т	е́дут	хо́дят	е́здят
과거 시제	남성	шёл	е́хал	ходи́л	е́здил
	여성	шла	е́хала	ходи́ла	е́здила
	복수	шли	е́хали	ходи́ли	е́здили

<정태 예문>

Ма́льчик **идёт** в шко́лу.
소년이 학교에 가고 있다. (현재진행, 목적지 분명)

Мы сейча́с **е́дем** на мо́ре.
우리는 지금 바다로 가고 있다. (현재진행, 목적지 분명)

На чём ты **е́дешь** домо́й?

무엇을 타고 집으로 가니? (현재진행, 목적지 분명)

Когда́ я ви́дел его́, он **е́хал** в университе́т.

내가 그를 봤을 때, 그는 대학교로 가고 있었다. (과거진행, 한 방향)

<부정태 예문>

На у́лице **хо́дит** мно́го люде́й.

길거리에는 많은 사람들이 걸어 다닌다. (목적지 없음)

Ма́льчик **хо́дит** в шко́лу.

소년이 학교에 다닌다. (평소 반복되는 일상)

Мы ча́сто **е́здим** на мо́ре.

우리는 자주 바다로 간다. (반복)

На чём ты **е́здишь** на рабо́ту?

무엇을 타고 출근하니? (반복)

Я вчера́ **ходи́ла** в апте́ку.

나는 어제 약국에 다녀왔다. (왕복)

| 접두사 **по-** |

정태 이동동사(идти́, е́хать)에 접두사 по-를 붙이면 《출발》의 의미를 갖고, 현재시제로 쓰는 경우 미래시제의미를 갖습니다.

Он уже́ **пошёл** в парк.

그는 이미 공원으로 갔어요. ('출발'한 사실이 중요, 도착했는지는 모름)

Вы **пое́дете** к роди́телям на пра́здник?

당신은 공휴일에 부모님한테로 갈 건가요?

| 접두사 **с-** |

부정태 이동동사(ходить, ездить)에 접두사 с-를 붙이면 《1회 왕복》의 의미를 갖고, 현재시제가 미래시제를 대신합니다.

Я ча́сто хожу́ к врачу́.

저는 의사에게 자주 가요. (습관적, 반복적 행동 - с 없는 ходить)

Вы сходи́ли к врачу́?

당신은 의사에게 다녀왔나요? (한 번 다녀왔는지)

Ты съе́здишь в Петербу́рг?

너는 페테르부르크에 다녀올 거니? (1회 왕복, 미래시제)

| 교통수단 표현 |

교통수단은 'на + 전치격'으로 표현합니다.

На чём ты е́здишь на рабо́ту?
너는 무엇을 타고 출근하니?

Я е́зжу на авто́бусе. А ты?
나는 버스를 타. 너는?

Я обы́чно е́зжу на маши́не, но сего́дня е́хал на метро́.
나는 보통 차를 타고 다니는데(반복, 왕복), 오늘은 지하철을 타고 왔어(1회, 한 방향).

| 가다 **идти**의 특별한 용법 |

'(걸어서) 가다', '오다' 이외에도 идти는 다음과 같은 뜻으로 쓰입니다.

① 비 또는 눈이 내리다
- Сейча́с идёт дождь. 지금 비가 내린다.
- Вчера́ пошёл снег. 어제 눈이 잠시 왔었다.

② 영화가 상영하다, 행사가 진행되다
- В теа́тре иду́т интере́сные фи́льмы. 극장에 재미있는 영화들이 상영되고 있다.
- Фестива́ль идёт в Пуса́не. 축제는 부산에서 진행된다.

③ 어울리다
- Тебе́* идёт кра́сный цвет! 너한테 빨간색이 어울리네!
- Мне идёт но́вый га́лстук? 나한테 새 넥타이가 어울리니?

* 여격: 14과 참고

| 여러가지 이동동사 |

의미	정태	부정태
뛰어다니다/오다/가다	бежа́ть	бе́гать
(물건을) 들고 다니다/오다/가다	нести́	носи́ть
(사람/동물을) 데리고 다니다/오다/가다 (교통수단을) 몰다	вести́	води́ть
(물건/사람/동물을) 교통수단에 태우고 다니다/오다/가다	везти́	вози́ть
날아 다니다/오다/가다	лете́ть	лета́ть
헤엄쳐 다니다/오다/가다	плыть	пла́вать

2 방향표현

이동동사를 사용할 때 전치사를 이용하여 출발지와 목적지를 말할 수 있습니다. 해당 장소 명사가 в를 쓰는 단어인지 на를 쓰는 단어인지에 따라(5과), 목적지는 в/на + 대격을 사용합니다. 출발지는 각각 из/с 생격을 사용합니다.

Где? (어디에?)	Куда? (어디로?)	Откуда? (어디에서부터?)
в + 전치격	в + 대격	из + 생격
в шко́ле 학교에서	в шко́лу 학교로	из шко́лы 학교에서부터
в рестора́не 식당에서	в рестора́н 식당으로	из рестора́на 식당에서부터
в Сеу́ле 서울에서	в Сеу́л 서울로	из Сеу́ла 서울로부터
в Москве́ 모스크바에서	в Москву́ 모스크바로	из Москвы́ 모스크바로부터
в па́рке 공원에서	в парк 공원으로	из па́рка 공원에서부터
на + 전치격	на + 대격	с + 생격
на вокза́ле 기차역에서	на вокза́л 기차역으로	с вокза́ла 기차역에서부터
на стадио́не 경기장에서	на стадио́н 경기장으로	со стадио́на 경기장에서부터
на рабо́те 직장에서	на рабо́ты 직장으로	с рабо́ты 직장에서부터
на мо́ре 바다에서	на мо́ре 바다로	с мо́ря 바다에서부터
на уро́ке 수업에서	на уро́к 수업으로	с уро́ка 수업에서부터
у + 생격	к + 여격(사람)	от + 생격(사람)
у врача́ 병원(진료실)에서	к врачу́ 의사에게로	от врача́ 의사에게로부터
у ба́бушки 할머니댁에서	к ба́бушке 할머니에게로	от ба́бушки 할머니에게로부터

Куда́ ты идёшь? 너는 어디에 가는 길이니?

Я иду́ в кафе́. 나는 카페에 가는 길이야.

Отку́да ты идёшь? 너는 어디서 오는 길이니?

Я иду́ из шко́лы. 나는 학교에서 오는 길이야.

У́тром мы бы́ли в па́рке. 아침에 우리는 공원에 있었다.

У́тром мы ходи́ли в парк. 아침에 우리는 공원에 갔다 왔다.

Мы идём в парк. 우리는 공원으로 가는 중이야.

Мы идём из па́рка. 우리는 공원에서 오는 길이야.

Где ты была́ ле́том? 너는 여름에 어디 있었어?

Я была́ **у ба́бушки**. 나는 할머니 댁에 있었어.

Отку́да э́то письмо́? 이 편지는 어디에서 온 거니?

Оно́ **от мое́й ба́бушки**. 이건 우리 할머니에게서 온 거야.

3 청유형 (~합시다)

청유형은 두 가지 방식으로 만들 수 있습니다.

1) Дава́й(те) + 동사원형

Дава́йте изучать коре́йский язы́к. 한국어를 공부합시다.

Дава́й улыба́ться! 웃자!

Друзья́! Дава́йте игра́ть в футбо́л! 친구들아! 축구하자!

2) Давай(те) + мы 변화형

Дава́й вы́пьем ко́фе. 커피 마시자.

Дава́й потанцу́ем! 춤추자!

Дава́йте познако́мимся. 서로 인사합시다.

ВЫРАЖЕНИЯ

1 아플 때 쓸 수 있는 표현

У кого́	боли́т(боля́т)	что
누가	아프다	무엇이

У меня́ боли́т нос. (боли́т: 단수, нос: 단수) 나는 코가 아프다.

У тебя́ боля́т руки́? (боля́т: 복수, руки́: 복수) 너는 팔이 아프니?

머리	голова́	눈	глаз 복 глаза́
코	нос	입	рот
치아	зуб 복 зу́бы	목(neck)	ше́я
귀	у́хо 복 у́ши	후두	го́рло
팔(손)	рука́ 복 ру́ки	어깨	плечо́ 복 пле́чи
배	живо́т	가슴	грудь
다리(발)	нога́ 복 но́ги	허리, 등	спина́

2 아플 때 쓸 수 있는 기타 표현

콧물	на́сморк	기침	ка́шель
감기	просту́да	독감	грипп
열 (낮다/보통/높다)	температу́ра (ни́зкая / норма́льная / высо́кая)		

3 구체적인 감사와 사과 표현

'Спаси́бо + за + 대격'을 사용하여 감사 표현을 더욱 구체적으로 할 수 있습니다.

Спаси́бо за по́мощь. 도움을 주셔서 고맙습니다.

Спаси́бо за понима́ние. 이해해 주셔서 고맙습니다.

Спаси́бо за подде́ржку. 응원해 주셔서 고맙습니다.

Спаси́бо за комплиме́нт. 칭찬해 주셔서 고맙습니다.

반면, 'извините за + 대격'을 사용하여 미안한 마음을 구체적으로 표현할 수 있습니다.

Извини́те за опозда́ние. 늦어서 죄송합니다.

Извини́те за неудо́бство. 불편을 끼쳐 죄송합니다.

Извини́ за беспоко́йство. 귀찮게 해서 미안해.

УПРАЖНЕНИЯ

1 다음 중 알맞은 단어를 고르세요.

1 В а́вгусте мы (ходи́ли / е́здили) во Владивосто́к.
8월에 우리는 블라디보스토크에 갔다 왔어.

2 Когда́ мы (е́хали / е́здили) в аэропо́рт, мы смотре́ли ви́део о Владивосто́ке.
우리가 공항으로 갈 때, 블라디보스토크에 대한 영상을 봤어.

3 Я встре́тил Артёма. Он (шёл / ходи́л) из рабо́ты.
나는 아르쫌을 만났어. 그는 직장으로부터 오고(귀가하고) 있었어.

4 Вчера́ мы (е́хали / е́здили) на мо́ре.
어제 우리는 바다에 다녀왔어.

5 На чём вы (е́хали / е́здили)?
무엇을 타고 다녀왔니?

6 На мо́ре мы (е́хали / е́здили) на по́езде, а обра́тно мы (е́хали / е́здили) на авто́бусе.
바다에 갈 때는 기차를 탔고, 반대로 올 때는 버스를 탔어.

7 На у́лице столи́цы (хо́дят / иду́т) иностра́нные тури́сты.
수도의 길거리에는 외국인 관광객들이 돌아다닌다.

обра́тно 반대로
столи́ца 수도

2 해석에 맞게 주어진 단어를 활용하여 빈칸을 채워 보세요.

1 Мы сейча́с е́дем в центр ______________ (маши́на).
우리는 지금 차를 타고 시내에 가고 있어요.

2 Он до́лжен пойти́ ______________ (больни́ца).
그는 병원에 가야 해.

3 Я иду́ ______________ (университе́тская библиоте́ка).
나는 대학교 도서관에 가고 있다.

4 Мы идём ______________ (стадио́н).
우리는 경기장에서 오는 길이야.

5 Как е́хать в Хе́льсинки ______________ (авто́бус)?
헬싱키에 버스를 타고 어떻게 가나요?

6 Вы идёте ______________ (общежи́тие)?
너희들은 기숙사에 가니?

7 Ната́ша е́здила сего́дня ______________ (ры́нок).
나타샤는 오늘 시장에 다녀왔다.

8 Наша семья́ е́здила ______________ (ба́бушка, дере́вня).
우리 가족은 할머니를 뵈러 시골로 다녀왔다.

③ 주어진 단어를 활용하여 <보기>와 같이 문장을 만들어 보세요.

보기

Дава́й поидём в кино́!	우리 영화 보러 가자!
Дава́й пое́дем в Пусан!	우리 부산에 가자!

1 Эрмита́ж*

우리 에르미타쥐에 가자!

2 Евро́па

우리 유럽에 가자!

3 экску́рсия

우리 견학 가자!

4 бассе́йн

우리 수영장에 가자!

5 Кита́й

우리 중국에 가자!

6 Чёрное мо́ре

우리 흑해에 가자!

7 кни́жний магази́н

우리 서점에 가자!

8 торго́вый центр

우리 쇼핑몰에 가자!

9 футбо́льный стадио́н

우리 축구장에 가자!

* 상트페테르부르크의 박물관으로, 러시아뿐만 아니라 유럽과 중앙아시아의 작품들이 전시되어 있으며 그 웅장함과 화려함으로 세계 3대 박물관으로 꼽힙니다.

4 다음 대화의 빈칸을 채워 보세요.

의사: Здра́вствуйте! Как вы себя́ ______________?
안녕하세요! 컨디션이 어때요?

환자: У меня́ ______________ голова́.
머리가 아파요.

의사: ______________ изме́рить температу́ру?
체온을 재도 될까요?

환자: Да, пожа́луйста.
네, 그럼요.

의사: У вас ______________ температу́ра.
Есть у вас ______________ или ка́шель?
체온이 높네요. 콧물이나 기침이 있나요?

환자: Вчера́ __________ на́сморк, а сего́дня нет.
Ещё кашля́ю.
어제는 콧물이 있었는데, 오늘은 없어요. 아직 기침하고 있어요.

의사: Вы ______________ пить лека́рство.
당신은 약을 먹어야 해요.

환자: ______________ пить алкого́ль?
술을 마셔도 되나요?

의사: Что вы ______________!
Вообще́ ______________!
무슨 말을 하시는 거예요! 절대 안 됩니다!

УРОК 13

동사의 상과 미래시제 나는 이미 다 읽었어.

Я ужé прочитáл.

ДИАЛОГ

13-1

СЛОВАРЬ

домáшнее задáние 숙제

почемý 왜

ужé 이미

после 이후에

урок 수업

А: Что дéлает Ви́ктор?

Б: Он дéлает домáшнее задáние.

А: А почемý ты не дéлаешь?

Б: Я ужé сдéлал егó.

А: Что бýдешь дéлать пóсле урóка?

Б: Я бýду слýшать мýзыку.

А: 빅토르는 뭐 하고 있니?

Б: 그는 숙제를 하고 있어.

А: 근데 너는 안 하니?

Б: 나는 이미 다 했어.

А: 수업 끝나고 뭐 할 거야?

Б: 음악을 들을 거야.

смотрéть/посмотрéть 보다

ещё 아직

до концá 끝까지

А: Какóй фильм ты смóтришь?

Б: Я смотрю́ «Войнý и Мир».

А: Ты до концá посмотрéла?

Б: Ещё нет. Я смотрéла тóлько час. Зáвтра посмотрю́ до концá.

А: 너는 무슨 영화를 보니?

Б: 나는 《전쟁과 평화》를 보고 있어.

А: 끝까지 다 봤어?

Б: 아직. 딱 1시간만 봤어. 내일 끝까지 다 볼 거야.

А: У меня́ нет зи́мней ку́ртки. На́до купи́ть одну́.

Б: Купи́ в интерне́те. Я зна́ю хоро́ший сайт.

А: Напиши́ мне а́дрес са́йта. Я посмотрю́.

Б: Где ты обы́чно покупа́ешь оде́жду?

А: Я покупа́ю оде́жду в магази́нах.

А: 나 겨울 외투가 없어. 하나 사야 해.

Б: 인터넷에서 사. 내가 좋은 사이트를 알아.

А: 나한테 사이트 주소를 보내. 한번 볼게.

Б: 너는 평소에 옷을 어디서 사니?

А: 나는 가게에서 사.

зи́мняя ку́ртка 겨울 외투

покупа́ть/купи́ть 사다

сайт 사이트

а́дрес 주소

обы́чно 평소에, 보통

оде́жда 옷(항상 단수로 사용)

магази́н 가게

ГРАММАТИКА

1 동사의 상

러시아어 동사는 불완료상과 완료상의 대립 구조를 가지고 있습니다.

구분	불완료상	완료상
뜻	① 현재진행형 ② 습관/반복적 사건 ③ 과정이 중요 ④ 단순한 사실	① 사건의 완료 ② 일회성 ③ 결과가 중요
함께 쓰이는 부사	чáсто(자주), всегдá(항상), дóлго(오랫동안), иногдá(가끔), обы́чно(보통)	ужé(이미), вдург(갑자기), срáзу(즉시), наконéц(마침내), до концá(끝까지)

러시아어의 모든 동사는 완료상과 불완료상 둘 중 하나의 상을 갖습니다. 같은 뜻을 가진 동사일지라도 그 동사가 현재진행 중이거나, 습관적 또는 반복적 행위이거나, 또는 그 사건의 '사실'이 중요한 문맥에서는 불완료상을 사용합니다. 반대로 사건이 완료되었거나, 또는 완료될 예정이거나, 일회성을 띠고, 그 행위 자체보다는 결과가 중요하다면 완료상을 사용합니다.

나는 이 책을 자주 읽었어. → **반복** TV를 보면서, 밥을 먹었다. → **진행**	나는 이 책을 읽어 봤다. → **일회성** TV를 보고 나서, 밥을 먹었다. → **완료**

동사의 상이라는 개념은 한국어에도 있습니다. 동사가 표현하는 행위가 반복적인지, 일회성인지, 현재 진행되고 있는지 또는 이미 완료됐는지를 표현하기 위해 한국어에서는 위 예시처럼 '자주'와 같은 부사, '~면서', '~고 나서'와 같은 동사어미를 활용합니다.

반면 러시아어에서는 동사 자체를 다르게 사용하므로 초보자들은 주의 깊게 동사를 선택해야 합니다.

그렇다면 불완료상과 완료상은 어떻게 구분할까요? 보통 불완료상에 접두사를 붙여 완료상을 만들지만, 다른 형태도 존재합니다. 다음 표에는 불완료상-완료상 순서로 동사가 제시되어 있습니다.

1) 접두사에 의한 구분

불완료상	접두사	완료상	뜻
слу́шать	по-	послу́шать	듣다
ду́мать		поду́мать	생각하다
стро́ить		постро́ить	짓다
дари́ть		подари́ть	선물하다
гото́вить	при-	пригото́вить	준비(요리)하다
пить	вы-	вы́пить	마시다
учить		вы́учить	공부하다
чита́ть	про-	прочита́ть	읽다
де́лать	с-	сде́лать	하다
игра́ть		сыгра́ть*	경기(게임)하다
есть		съесть	먹다
писа́ть	на-	написа́ть	쓰다
рисова́ть		нарисова́ть	그리다
ви́деть	у-	уви́деть	보다

* 접두사가 자음으로 끝나면서(с, раз, …), 뒤의 동사가 и로 시작하면 и가 ы로 대체됩니다.

예 искать - разыскать 찾다

2) 동사 어근에 의한 구분

불완료상	동사어근차이	완료상	뜻
реша́ть	а > и	реши́ть	문제를 풀다(결정하다)
получа́ть		получи́ть	받다
приглаша́ть		пригласи́ть	초대하다
встреча́ться		встре́титься	만나다(с кем)
дава́ть	ава > а	дать	주다
встава́ть		встать	일어나다
открыва́ть	ыва > ы	откры́ть	열다
опа́здывать	ыва > а	опозда́ть	지각하다
спра́шивать	ива > и	спроси́ть	물어보다

3) 완전히 다른 형태

불완료상	완료상	뜻
брать	взять	잡다
понимáть	поня́ть	이해하다
сади́ться	сесть	앉다
покупáть	купи́ть	사다
говори́ть	сказáть	말하다
отдыхáть	отдохну́ть	쉬다

아래 예시를 보며 상을 구분해 봅시다.

А: Кири́лл, Ты **читáл** “преступлéние и наказáние”?
키릴, 너 “죄와 벌” 읽어봤니? (단순한 사실)

Б1: Нет, я не **читáл**.
아니, 안 읽어봤어. (읽어본 ‘사실’이 없음)

Б2: Да, я рáньше **читáл**.
응, 예전에 읽은 적이 있지. (단순한 사실)

А: Мы же* вчерá **купи́ли** журнáл. Ты **прочитáл** егó?
우리 어제 잡지 샀잖아(단순한 사실). 다 읽었어? (‘완료’한 사실이 중요)

Б1: Да, я вчерá **прочитáл**. А ты?
응, 어제 다 읽었어. 너는? (‘완료’한 사실이 중요)

Б2: Я **читала**, но не **прочитáла**.
읽긴 했는데, 다 읽진 못했어. (읽은 ‘사실’은 있으나 ‘완료’하지 못함)

* же는 문장에 특별한 뉘앙스를 부여하는 소사로서, 이 문장에서는 화자와 청자가 모두 알고 있는 사실을 강조하기 위해 쓰입니다.

В: Каку́ю му́зыку вы **слу́шаете** сейчáс?
당신은 지금 어떤 음악을 들으십니까? (현재진행)

Г: Я **слу́шаю** класси́ческую му́зыку.
저는 클래식 음악을 듣습니다. (현재진행)

В: А вы каку́ю му́зыку **слу́шаете** обы́чно?
그렇다면 당신은 평소에 어떤 음악을 들으십니까? (반복, 습관)

Г: Я обы́чно **слу́шаю** британский поп. Я люблю́ Битлз.
전 보통 영국 팝을 들어요. 비틀즈를 좋아해요. (반복, 습관)

В: Огó! Я тóже **послу́шаю**.
오호! 저도 들어볼게요. (1회성, 정해진 미래)

Г: **Послу́шайте** их пéрвый альбóм.
그들의 첫 번째 앨범을 한번 들어보세요. (1회성)

2 미래시제

러시아어의 미래시제를 표현하는 방법을 배워보겠습니다. 앞에서 두 가지 동사의 상을 배웠는데, 각각의 상이 가지는 특징은 미래시제에도 반영됩니다. 먼저 불완료상의 미래시제를 만드는 방법을 살펴보겠습니다. 영어에서는 will이라는 조동사로 미래시제를 만들 듯이, 러시아어에서는 **быть**를 활용하여 미래시제를 만들 수 있습니다. 동사를 미래시제로 표현하기 위해서는 '**быть** 변화형 + 동사원형(불완료상)'을 사용하며, 동사원형을 빼고 **быть**만 사용하면 '~에 있다'라는 뜻이 됩니다.

주어	быть의 인칭변화형	동사원형
Я	бу́ду	чита́ть кни́гу 책을 읽다
Ты	бу́дешь	смотре́ть бале́т 발레를 보다
Он/Она́	бу́дет	гуля́ть в парке 공원에서 산책하다
Мы	бу́дем	покупа́ть проду́кты 식료품을 구입하다
Вы	бу́дете	слу́шать му́зыку 음악을 듣다
Они	бу́дут	обе́дать 점심식사 하다

Что вы бу́дете де́лать? 당신은 무엇을 할 건가요?
Я бу́ду гуля́ть в па́рке. 저는 공원에서 산책할 거예요.
Где ты бу́дешь? 너는 어디에 있을 거니?
Я бу́ду в па́рке. 나는 공원에 있을 거야.

불완료상 동사는 과거, 현재, 미래 3가지로 표현할 수 있으나, 완료상 동사는 현재시제(~하고 있다)로는 사용할 수 없습니다. 왜냐하면 완료상 동사를 사용할 때는 ① 이미 완료한 경우, 또는 ② 곧 완료할 경우이기 때문입니다. 따라서 완료상을 현재시제처럼 인칭 변화하면 그 뜻은 가까운 미래를 나타내게 됩니다.
지금까지 배운 것을 바탕으로 동사의 시제와 상을 정리해보겠습니다.

상 / 시제	불완료상	완료상
과거	читал/а/о/и	прочитал/а/о/и
현재	я читáю ты читáешь … они читáют	-
미래	я бýду читáть ты бýдешь читáть … они бýдут читáть	я прочитаю ты прочитаешь … они прочитают

그렇다면 불완료상의 미래시제와 완료상의 미래시제는 어떤 차이가 있을까요?

불완료상 미래	Я бýду читáть нóвую кни́гу. → 책을 읽는 '행위'에 초점을 맞춤, 책 읽기를 '완료'하는지는 중요하지 않음	나는 새 책을 읽을 것이다.
완료상 미래	Я прочитáю нóвую кни́гу. → 책 읽기를 '완료'하는 것이 중요	나는 새 책을 (다) 읽을 것이다.

즉, 불완료상은 사건의 '진행' 또는 '사실 여부'가 중요한 반면, 완료상은 '완료'에 중점을 두고 있는 발화 형태라고 할 수 있습니다. 생소한 개념이지만 익숙해질 수 있도록 반복하여 학습해야 합니다.

ВЫРАЖЕНИЯ

러시아어에서 빈도를 표현할 수 있는 방법을 살펴보겠습니다. 의미적 특성 때문에 빈도표현은 불완료상 동사와 함께 사용합니다.

1 빈도부사

빈도부사	뜻
никогда́	단 한번도 ~하지 않다
иногда́	가끔
обы́чно	보통
ча́сто	자주
всегда́	항상

Я никогда́ не смотрю́ футбо́л. Э́то мне не интере́сно.
나는 축구를 절대 안 봐. 나한텐 재미가 없어.

Вы где обы́чно покупа́ете оде́жду?
당신은 보통 어디서 옷을 사십니까?

Он всегда́ говори́т, что он хорошо́ зна́ет Коре́ю.
그는 항상 말해, 자신이 한국을 잘 안다고.

2 주기

몇 번	주기	뜻
раз	в день	하루에 1번
2 ра́за	в неде́лю	일주일에 2번
3 ра́за	в ме́сяц	한달에 3번
10 раз	в год	1년에 10번

Я 2 (два) рáза в день пью лекáрство.
나는 하루에 2번 약을 먹는다.

Мы встречáемся **3 (три) рáза в мéсяц.**
우리는 한달에 3번 만난다.

Студéнты сдаю́т экзáмены **4 (четы́ре) рáза в год.**
학생들은 1년에 4번 시험을 치른다.

3 매 ~마다

매	주기
каждый	день, мéсяц, год
каждую	недéлю, суббóту
каждое	у́тро, воскресéнье

Áнна пьёт стакáн кóфе **кáждое у́тро.**
안나는 매일 아침 커피 한 잔을 마셔요.

Мы хóдим на ку́рсы ру́сского языкá **кáждую срéду.**
우리는 매주 수요일에 러시아어 수업을 들으러 가요.

Кáждый год мы отмечáем день Побéды.
매년 우리는 승전 기념일을 기념합니다.

УПРАЖНЕНИЯ

1 다음 중 알맞은 단어를 고르세요.

1 Брат ра́ньше не встава́л ра́но у́тром, а вчера́ он (встава́л / встал) в 6 (шесть).

형은 예전에 아침 일찍 일어난 적이 없었는데, 어제는 6시에 일어났다.

2 Она до́лго учи́ла но́вые слова́, но ещё не (учи́ла / вы́учила).

그녀는 오랫동안 새로운 단어를 외웠지만 아직 다 외우지 못했다.

3 Та́ня никогда́ не получа́ла пятёрок на экза́мене, но по́сле э́того уро́ка она́ (получа́ла / получи́ла).

따냐는 한번도 시험에서 만점을 받지 못했지만, 이 수업을 듣고 나서는 (만점을) 받았다.

* пятёрка 직역하면 '5점'이라는 뜻으로, 만점을 의미합니다.

4 Преподава́тель обы́чно не спра́шивает меня́ на ле́кции, а в этот раз (спра́шивал / спроси́л).

선생님은 평소 수업시간에 나에게 질문하지 않으시지만, 이번에는 질문하셨다.

5 Ка́ждое воскресе́нье мы смо́трим сериа́лы, но за́втра (смо́трим / посмо́трим) футбо́л.

매주 일요일마다 우리는 드라마를 보지만, 내일은 축구를 볼 것이다.

6 Ле́том я обы́чно отдыха́ю на мо́ре, но в э́том году́ хорошо́ (отдыха́л / отдохну́л) в гора́х.

여름에 나는 보통 바닷가에서 휴가를 보내지만, 이번 해에는 산에서 잘 쉬고 왔다.

го́ры (복수) 산

7 Ра́ньше я один раз (ходи́л / сходи́л) на конце́рт Чайко́вского.

예전에 나는 한 번 차이콥스키 콘서트에 갔다 온 적이 있다.

8 Сейча́с мы (идём / пойдём) в кино́.

우리는 지금 영화관에 가고 있다.

9 В сле́дующем году́ я (бу́ду учи́ться / поучу́сь) в университе́те.

내년에 나는 대학에서 공부할 것이다.

10 Онá чáсто (пи́шет / напи́шет) пи́сьма роди́телям в Сиби́рь.

그녀는 시베리아에 있는 부모님에게 자주 편지를 쓴다.

11 Ужé 3 (три) часá! Они́ всегда (опáздывают / опаздáют).

이미 3시야! 걔들은 항상 늦어.

12 Когдá я придý домóй, я тебé (звоню́ / позвоню́).

내가 집에 도착하면, 너에게 전화할게.

УРОК **14**

축하 생일 축하해!

С днём рожде́ния!

ДИАЛОГ

14-1

А: Же́ня! Ты зна́ешь, что за́втра у Ви́ки день рожде́ния?

Б: Да. Она́ пригласи́ла меня́ на вечери́нку. Тебя́ то́же?

А: Да, я то́же пойду́. Что ты пода́ришь ей?

Б: Я купи́л цветы́ и шампа́нское для неё.

А: 제냐! 내일 비카의 생일인 거 알아?

Б: 응. 나를 파티에 초대했어. 너도 (초대했니)?

А: 응, 나도 갈 거야. 너는 무엇을 선물할 거야?

Б: 나는 그녀를 위해 꽃과 샴페인을 샀어.

А: Ви́ка! Поздравля́ю с днём рожде́ния!

Б: С днём рожде́ния!

В: Спаси́бо, дороги́е друзья́! Проходи́те.

А: Кака́я ую́тная и краси́вая кварти́ра! Мне нра́вится!

В: Сади́тесь. Я вам чай принесу́.

Б: Ви́ка, ско́лько тебе́ лет?

В: Же́ня, де́вушкам нельзя́ задава́ть тако́й вопро́с!

А: 비카! 생일 축하해!

Б: 생일 축하해!

В: 고마워, 사랑하는 친구들! 어서 들어와.

А: 정말 안락하고 예쁜 집이구나! 맘에 든다!

В: 앉아. 내가 차(tea)를 가져올게.

Б: 비카, 너 몇 살이야?

В: 제냐, 여자에게 그런 질문을 하면 안 돼!

СЛОВАРЬ

День рожде́ния 생일

приглаша́ть/пригласи́ть 초대하다

вечери́нка 파티

да́рить/пода́рить 선물하다

шампа́нское 샴페인

поздравля́ть/поздрави́ть кого́ с [조격] ~에게 ~를 축하하다

ую́тный 안락한

нравиться/понравиться 마음에 들다

сади́ться/се́сть 앉다

чай 차(tea)

приноси́ть/принести́ 가져오다

задавать/задать вопрос 질문을 하다

скóлько 얼마나

за чéм 왜

спрáшивать 물어보다

шóу TV 쇼

начинáться 시작하다

всегó 오직, 단지

Г: Мáма, скóлько сейчáс врéмени?

Д: 3 (три) часá. За чéм ты спрáшиваешь?

Г: Мне мóжно посмотрéть телевúзор? Сегóдня нóвое шóу начинáется.

Д: Скóлько врéмени бýдешь смотрéть?

Г: Всегó 1 (одúн) час.

Г: 엄마, 지금 몇 시예요?

Д: 3시야. 왜 물어보니?

Г: 저 TV 봐도 돼요? 오늘 새로운 TV쇼가 시작하거든요.

Д: 몇 시간 동안 볼 거야?

Г: 딱 1시간만요.

ГРАММАТИКА

1 접속사 что

Ты зна́ешь его́?

너는 아니 그를?

Ты зна́ешь, что за́втра у Ви́ки день рожде́ния?

너는 아니, 내일 비카의 생일이라는 것을?

знать는 목적어(대격)를 필요로 하는 동사입니다. 하지만 **что**를 사용하면 영어의 that 처럼 문장 전체를 명사절로 만들고, '~하다는 것'으로 해석할 수 있습니다.

Вы зна́ете, **что** я рабо́таю в поли́ции?

당신은 제가 경찰서에서 일한다는 것을 아십니까?

Он заме́тил, **что** ты вчера́ была́ в клу́бе.

그는 네가 어제 클럽에 간 것을 알아챘어.

Наш преподава́тель говори́т, **что** мы пое́дем в Яросла́вль на экску́рсию.

우리 선생님이 말씀하시길, 우리는 야로슬라블에 견학을 갈 거래.

Я ду́маю, **что** он лю́бит меня́.

내가 생각하기에, 그는 나를 좋아하는 것 같아.

поли́ция 경찰(조직)

заме́тить 알아차리다

2 여격

마지막으로 살펴볼 러시아어의 격은 여격입니다. 여격의 기본적인 의미는 간접목적어(~에게)이며, 문장 구조에 따라 여러 해석이 가능합니다. 먼저, 인칭대명사와 일반명사 여격 변화표를 살펴보겠습니다.

| 인칭대명사 여격 |

주격	여격
кто	комý
что	чемý
я	мне
ты	тебé
он	емý
она	ей
мы	нам
вы	вам
они	им

| 일반명사 여격 |

성·수	주격 어미	예시	여격 어미	예시	뜻
남성	자음	студéнт	у	студéнту	학생에게
	й	Сергéй	ю	Сергéю	세르게이에게
	ь	гость	ю	гóстю	손님에게
여성	а	сестрá	е	сестрé	언니(여동생)에게
	я	тётя	е	тёте	이모에게
	ь	плóщадь	и	к плóщади	광장 쪽으로
중성	о	окнó	у	к окнý	창문 쪽으로
	е	здáние	ю	к здáнию	건물 쪽으로
복수	자음/а/о	студéнт	ам	студéнтам	학생들에게
		жéнщина		жéнщинам	여성들에게
	й/я/ь/е	кýхня	ям	роди́телям	부모님에게
		гóсть		гóстям	손님들에게

| 형용사 여격 |

성·수	주격	어미	여격
남성	мой	ому/ему	моему́
	э́тот		э́тому
	како́й		како́му
	но́вый		но́вому
	хоро́ший		хоро́шему
여성	моя́	ой/ей	мое́й
	э́та		э́той
	кака́я		како́й
	но́вая		но́вой
	хоро́шая		хоро́шей
중성	моё	ому/ему	моему́
	э́то		э́тому
	како́е		како́му
	но́вое		но́вому
	хоро́шее		хоро́шему
복수	мои́	ым/им	мои́м
	э́ти		э́тим
	каки́е		каки́м
	но́вые		но́вым
	хоро́шие		хоро́шим

여격은 문장의 형식에 따라 여러 가지 의미를 갖지만, 아래의 다섯 가지 상황으로 대부분 이해할 수 있습니다.

1) 간접목적어(~에게)

дава́ть/дать(주다), **да́рить/пода́рить**(선물하다), **писа́ть/написа́ть**(쓰다), **говори́ть/сказа́ть**(말해주다), **пока́зывать/показа́ть**(보여주다) **приноси́ть/принести́**(가져다주다) 같은 동사들은 그 의미상 직접목적어(~를)와 간접목적어(~에게)를 동시에 필요로 합니다.

주어(누가) = 주격	동사	간접목적어(~에게) = 여격	직접목적어(~를) = 대격
А́ня	**подари́ла**	**Ви́ке**	**торт**
아냐는	선물했다	비카에게	케이크를
Ма́ма	**пи́шет**	**сы́ну**	**письмо́**
엄마는	쓴다	아들에게	편지를
Я	**принесу́**	**вам**	**чай**
내가	가져다 줄 것이다	너희들에게	차를

반면, **помога́ть/помо́чь**(도움을 주다)*, **звони́ть/позвони́ть**(전화하다), **ве́рить/пове́рить**(믿다)는 직접목적어(대격) 없이 간접목적어(여격)만 사용합니다.

주어(누가) = 주격	동사	간접목적어(~에게) = 여격
Нача́льник	**помога́ет**	**мне**
상사가	도움을 준다	나에게
Секрета́рь	**позвони́л**	**нача́льнику**
비서가	전화했다	상사에게

* 한국어로는 '~를 돕다'라고 하기 때문에 대격 목적어를 사용하는 것으로 오해할 수 있습니다. 하지만 러시아어로는 '~에게 도움을 주다', 즉 여격 목적어를 사용합니다.
Я помогаю тебя (X)
Я помогаю тебе (O)

2) нравиться 구문 (10과 참고)

'~을 좋아하다'라는 문장을 만들 때 여격을 사용합니다.

Тебе́ нра́вится ру́сская литерату́ра?
러시아 문학이 너에게 맘에 드니? = 너는 러시아 문학을 좋아하니?

Ему́ нра́вится э́та де́вушка.
그에게는 이 여자가 마음에 든다. = 그는 이 여자를 좋아한다.

3) 감정, 환경을 느끼는 주체

감정, 환경(온도, 날씨 등)을 나타내는 부사의 주체를 나타낼 때에도 여격을 사용합니다.

기쁘다	슬프다	재미있다	지루하다	안타깝다
ве́село	гру́стно	интере́сно	ску́чно	жа́лко
덥다	춥다	쌀쌀하다	따뜻하다	괜찮다
жа́рко	хо́лодно	прохла́дно	тепло́	норма́льно

Как интересно!
정말 재밌다! (주체를 특정하지 않음)

Тебе́ не ску́чно слу́шать меня́?
내 말을 듣는 게 (너는) 지겹지 않니?

Мне о́чень жаль*, что они́ не жени́лись.
(내가 느끼기에) 그들이 결혼하지 않은 건 참 아쉬워.

Вам норма́льно, что я испо́льзую планше́т на уро́ке?
제가 수업 중에 태블릿을 사용하는 것이 (당신에게는) 괜찮으세요?

Мне гру́стно.
나는 슬퍼.

Вади́му тяжело́ вы́учить слова́.
바딤에게는 단어를 외우는 것이 어려워.

Учи́телю ве́село.
선생님은 기쁘시다.

4) 가능, 불가능, 필요 표현 (10과 참고)

мо́жно(할 수 있다), нельзя́(하면 안 된다), ну́жно(필요하다), на́до(해야 한다)와 같은 부사의 주체 역시 여격으로 표현합니다.

До́ктор Ким, мне мо́жно есть?
김 선생님, 제가 음식을 먹어도 되나요?

Извини́те, вам пока́ нельзя́.
죄송합니다만, 당신은 아직 안 됩니다.

Э́той де́вушке ну́жно снять кварти́ру.
이 아가씨가 아파트를 빌려야 해요.

Нам на́до вы́йти из до́ма. Пого́да така́я хоро́шая!
우리는 집 밖으로 나가야 해. 날씨가 이렇게 좋잖아!

* 'жаль - жа́лко(안타깝다)의 줄임말'

жени́ться 결혼하다

испо́льзовать 사용하다

пока́ 아직

снять 빌리다, 임차하다

вы́йти 나가다

5) 나이 표현

러시아어에서 '몇 살이다'라는 표현의 주체는 여격입니다. 8과의 ≪수사≫를 복습해보면, '연도(год)'와 '개월(месяц)'은 다음과 같이 변합니다.

1, 21, 31, ... (끝이 1인 수)	⇨	단수 주격	год/ме́сяц
2, 3, 4 / 22, 23, 24 / 32, 33, 34 / ... (12, 13, 14를 제외하고 끝이 2, 3, 4인 수)	⇨	단수 생격	го́да/ме́сяца
5~20, 25, 26, ... 30, 35, 36, ... 40, ... (나머지)	⇨	복수 생격	лет/ме́сяцев

Мне 30(три́дцать) лет. 저는 30살입니다.

Моему́ бра́ту 21(два́дцать оди́н) год*. 제 동생은 21살입니다.

Му́жу 34(три́дцать четы́ре) го́да. 남편은 34살입니다.

До́чке 9(де́вять) ме́сяцев. 딸은 9개월입니다.

* 20 + 1이므로 마지막 1에 격을 일치시킵니다.

6) 여격전치사와 함께

① к + 여격: ~쪽으로

Я прие́ду* к тебе́.
내가 네 쪽으로 갈게. (교통수단을 타고)

Они иду́т к по́чте.
그들은 우체국 쪽으로 가고 있다. (걸어서)

* 이동동사 앞에 при-를 붙이면 '다가가다'라는 뜻이 더해집니다.

② по + 여격: ~를 따라, ~를 통해

Иди́те пря́мо по большо́му проспе́кту.
큰 길을 따라 쭉 가세요.

Я смотрю́ новогo̍днее обраще́ние росси́йского президе́нта по телеви́зору.
나는 TV를 통해 러시아 대통령의 신년사를 보고 있어.

проспе́кт 대로
новогóдний 새해의
обраще́ние 호소, 메시지
росси́йский 러시아 연방의
президе́нт 대통령

ВЫРАЖЕНИЯ

러시아어로 시간을 표현하는 방법은 다음과 같습니다.

1 Ско́лько вре́мени? = Кото́рый час? 몇 시입니까?

시간을 나타낼 때 사용하는 '시(час)', '분(мину́та)', '초(секу́нда)'는 다음과 같이 변합니다.

1, 21, 31, ... (끝이 1인 수)	⇨	단수 주격	час/мину́та/секу́нда
2, 3, 4 / 22, 23, 24 / 32, 33, 34 / ... (12, 13, 14를 제외하고 끝이 2, 3, 4인 수)	⇨	단수 생격	часа́/мину́ты/секу́нды
5~20, 25, 26, ... 30, 35, 36, ... 40, ... (나머지)	⇨	복수 생격	часо́в/мину́т/секу́нд

이를 시간(час), 분(минута)에 대입해보면 아래와 같습니다.

단수 주격	1	оди́н/ одна́	час/ минута	복수 생격	5	пять	часов/ минут
					6	шесть	
					7	семь	
단수 생격	2	два две	часа́/ мину́ты		8	во́семь	
					9	де́вять	
	3	три			10	де́сять	
					11	оди́надцать	
	4	четы́ре			12	двена́дцать	

Сейча́с 1(оди́н) час.

지금은 1시입니다.

Сейча́с 11(оди́надцать) часо́в 30(три́дцать) мину́т.

지금은 11시 30분입니다.

2 Во ско́лько (часо́в)? 몇 시에? = Когда? 언제?

1) '몇 시에'라고 표현할 때는 전치사 в와 함께 사용합니다.

Во ско́лько вы встаёте? 너희는 몇 시에 일어나니?
Мы встаём **в** 9 (де́вять) часо́в. 우리는 9시에 일어나요.

Во ско́лько ты у́жинаешь? 너는 몇 시에 저녁을 먹니?
Я у́жинаю **в** 6 (шесть) часо́в. 나는 6시에 저녁을 먹어.

Когда́ он пришёл домо́й? 그는 언제 집에 왔니?
Он пришёл домо́й **в** 2 (два) часа́. 그는 2시에 집에 왔습니다.

2) '~전에'라고 표현할 때는 후치사 назад와 함께 사용합니다. 영어의 ago와 같이 뒤에 오는 후치사라는 것을 기억합시다.

5 (пять) лет **наза́д**, на́ша семья́ жила́ в Росси́и.
5년 전에, 우리 가족은 러시아에 살았다.

закончиться 끝나다

Уро́к зако́нчился 20 (два́дцать) мину́т **наза́д**.
수업은 20분 전에 끝났다.

3) '~후에'라고 표현할 때는 전치사 через와 함께 사용합니다.

Че́рез 30 (три́дцать) секу́нд по́езд придёт.
30초 후에 열차가 도착해요.

Дава́йте встре́тимся **че́рез** одну́ неделю́.
1주일 뒤에 만납시다.

3 Ско́лько вре́мени? 얼마 동안? = Как до́лго? 얼마나 오래?

Ско́лько вре́мени вы изуча́ете ру́сский язы́к?
얼마 동안 러시아어를 배우고 있습니까?

Я изуча́ю ру́сский язы́к 6(шесть) ме́сяцев.
저는 러시아어를 6개월 동안 배우고 있습니다.

Как до́лго ты обе́дала?
얼마나 오래 점심을 먹었니?

Я обе́дала 3(три) часа́.
나는 3시간 동안 점심을 먹었어.

아래와 같이, '내내'라는 표현은 앞에 весь(전부) 또는 целый(온)와 같은 형용사를 사용하여 만들 수 있습니다.

~내내		
весь день	це́лый день	하루 종일
весь ме́сяц	це́лый ме́сяц	한 달 내내
весь год	це́лый год	일 년 내내
всю ночь	це́лую ночь	밤새도록
всю неде́лю	це́лую неделю	일주일 내내

Я **це́лый день** сиде́ла до́ма. 난 하루 종일 집에 (앉아)있었어.

Мы разгова́ривали **всю ночь.** 우리는 밤새도록 이야기를 나누었다.

УПРАЖНЕНИЯ

1 괄호 안의 단어를 알맞게 격변화하여 문장을 만들어 보세요.

1 Что вы сказáли (наш гость)?
당신은 우리 손님에게 뭐라고 하셨습니까?

2 (Кто) ты звóнишь?
너는 누구에게 전화하니?

3 Брат обещáл (мама) не пить алкогóль.
남동생은 엄마에게 술을 마시지 않겠다고 약속했다.

4 Однокýрсники дáли (нóвый студéнт) кни́ги.
동급생들이 새로 온 학생에게 책을 주었다.

5 Экскурсовóд расскáзывает (инострáнные тури́сты) об истóрии этого гóрода.
여행가이드가 외국인 관광객들에게 이 도시의 역사에 대해 이야기해주고 있다.

6 (Берéменные жéнщины) уступáйте местá.
임신한 여성에게 자리를 양보하세요.

7 (Анна) всегдá помогáет Влади́мир.
블라디미르가 항상 안나를 도와준다.

8 Покажи́ (мы) твою́ кóшку!
네 고양이를 우리에게 보여줘!

9 Мы подари́ли цветы́ (изве́стный актёр).
우리는 유명한 배우에게 꽃을 선물했다.

10 Я сове́товала (ру́сские подру́ги) слу́шать коре́йскую му́зыку.
나는 러시아 친구들에게 한국 노래를 들어볼 것을 추천했다.

2 괄호 안의 단어를 알맞게 격변화하여 문장을 만들어 보세요.

1 (Мо́я жена́) нра́вится но́вая кварти́ра.
내 아내에게 이 아파트가 마음에 들었다.

2 (Э́тот го́род) уже́ 500 (пятьсо́т) лет.
이 도시는 이미 500년이 되었다.

3 Студе́нты усе́рдно гото́вятся к (экза́мен).
학생들은 시험을 위해 열심히 준비하고 있다.

4 (Иностра́нные диза́йнеры) интере́сно знако́миться с коре́йскими арти́стами.
외국의 디자이너들에게는 한국의 예술가들과 만나는 것이 흥미롭다.

③ 다음 중 알맞은 단어를 고르세요.

1 Скóлько (час / врéмени) сейчáс?
지금 몇 시예요?

2 Сейчáс (2 часá / в 2 часá).
지금은 2시입니다.

3 (Во скóлько / скóлько врéмени) вы обедали?
당신들은 언제 점심식사를 했나요?

4 Мы обéдали (12 часóв / в 12 часóв).
우리는 12시에 점심을 먹었어요.

5 Как (дóлго / скóлько) вы обéдали?
얼마나 오래 점심식사를 했어요?

6 Мы обéдали (1 час / в 1 час).
1시간 동안 식사했어요.

④ 다음 시간을 러시아어로 대답해 보세요.

1  ------------------------------

2  ------------------------------

3  ------------------------------

5 다음 문장의 빈칸을 채워 보세요.

1 Она́ изуча́ет коре́йский язы́к ________________.
그 여자는 한국어를 1년 동안 배우고 있다.

2 Вчера́ мы гуля́ли в па́рке ________________.
어제 우리는 공원에서 2시간 동안 산책했다.

3 Ты мо́жешь мне позвони́ть ________________?
30분 뒤에 나한테 전화해줄 수 있니?

4 Обы́чно оте́ц за́втракает ________,________.
아버지는 보통 7시에 아침식사를 하신다.

5 Но, он сего́дня поза́втракал ________________.
그러나, 오늘은 9시에 아침식사를 하셨다.

Appendix

격변화 총정리

| 인칭대명사 |

주격	생격	여격	대격	조격	전치격
я	меня	мне	меня	мной	обо мне
ты	тебя	тебе	тебя	тобой	о тебе
он/оно	его (у него)	ему	его	им	о нём
она	её (у неё)	ей	её	ей	о ней
мы	нас	нам	нас	нами	о нас
вы	вас	вам	вас	вами	о вас
они	их	им	их	ими	о них
кто	кого	кому	кого	кем	о ком
что	чего	чему	чего	чем	о чём

| 일반명사 - 단수 |

성	주격	생격	여격	대격 활성	대격 비활성	조격	전치격	예외
남성	자음	а	у	а	주격	ом	е	
	й	я	ю	я		ем	е	(ий → ии)
	ь	я	ю	я		ем	е	
여성	а	ы	е	у		ой	е	
	я	и	е	ю		ей	е	(ия → ии)
	ь	и	и	ь		ью	и	
중성	о	а	у	주격 그대로		ом	е	
	е	я	ю			ем	е	(ие → ии)
	мя	мени	мени			менем	е	

| 일반명사 - 복수 |

<table>
<tr><th>성</th><th>주격
단수</th><th>주격
복수</th><th>*생격
복수</th><th>여격
복수</th><th>*대격
활성</th><th>대격
비활성</th><th>조격
복수</th><th>전치격
복수</th></tr>
<tr><td rowspan="3">남성</td><td>자음</td><td>ы</td><td>ов</td><td>ам</td><td rowspan="6">생격
그대로</td><td rowspan="6">주격
그대로</td><td>ами</td><td>ах</td></tr>
<tr><td>й</td><td>и</td><td>ев</td><td>ям</td><td>ями</td><td>ях</td></tr>
<tr><td>ь</td><td>и</td><td>ей</td><td>ям</td><td>ями</td><td>ях</td></tr>
<tr><td rowspan="3">여성</td><td>а</td><td>ы</td><td>-</td><td>ам</td><td>ами</td><td>ах</td></tr>
<tr><td>я</td><td>и</td><td>ь</td><td>ям</td><td>ями</td><td>ях</td></tr>
<tr><td>ь</td><td>и</td><td>ей</td><td>ям</td><td>ями</td><td>ях</td></tr>
<tr><td rowspan="3">중성</td><td>о</td><td>а</td><td>-</td><td>ам</td><td rowspan="3" colspan="2">주격
그대로</td><td>ами</td><td>ах</td></tr>
<tr><td>е</td><td>я</td><td>ей</td><td>ям</td><td>ями</td><td>ях</td></tr>
<tr><td>мя</td><td>мена</td><td>мён</td><td>менам</td><td>менами</td><td>менах</td></tr>
</table>

* 83p 두번째 표를 참고

| 형용사 |

<table>
<tr><th>성·수</th><th>주격</th><th>생격</th><th>여격</th><th>대격
활성</th><th>대격
비활성</th><th>조격</th><th>전치격</th></tr>
<tr><td rowspan="2">남성</td><td>ый / ой</td><td>ого</td><td>ому</td><td rowspan="2">생격
그대로</td><td rowspan="2">주격
그대로</td><td>ым</td><td>ом</td></tr>
<tr><td>ий</td><td>его</td><td>ему</td><td>им</td><td>ем</td></tr>
<tr><td rowspan="2">여성</td><td>ая</td><td>ой</td><td>ой</td><td colspan="2">ую</td><td>ой</td><td>ой</td></tr>
<tr><td>яя</td><td>ей</td><td>ей</td><td colspan="2">юю</td><td>ей</td><td>ей</td></tr>
<tr><td rowspan="2">중성</td><td>ое</td><td>ого</td><td>ому</td><td rowspan="2" colspan="2">주격
그대로</td><td>ым</td><td>ом</td></tr>
<tr><td>ее</td><td>его</td><td>ему</td><td>им</td><td>ем</td></tr>
<tr><td rowspan="2">복수</td><td>ые</td><td>ых</td><td>ым</td><td rowspan="2">생격
그대로</td><td rowspan="2">주격
그대로</td><td>ыми</td><td>ых</td></tr>
<tr><td>ие</td><td>их</td><td>им</td><td>ими</td><td>их</td></tr>
</table>

해 답

УРОК 01

1

1 Когда
2 Кто
3 Что
4 Как
5 Почему
6 Где

2

1 Нет, это не Анна. Это Иван.
2 Нет, это не школа. Это дом.
3 Нет, это не вода. Это кофе.
4 Нет, это не планшет. Это телефон.
5 Нет, это не рюкзак. Это сумка.

УРОК 02

1

1 Я
2 Ты
3 Они
4 Он
5 Вы
6 Она

2

1 Хорошо, а ты?
2 Я студент(студентка). / Я инженер. / Я артист. …
3 Она художник. / Она сотрудник компании. …
4 Да, я студент(студентка). / Нет, я не студент(студентка).

УРОК 03

1

단수형	뜻	명사의 성	복수형
имя	이름	중성	имена
книга	책	여성	книги
брат	형제	남성	братья
стол	책상	남성	столы
город	도시	남성	города
врач	의사	남성	врачи
учебник	교과서	남성	учебники
сестра	자매	여성	сёстры
окно	창문	중성	окна
письмо	편지	중성	письма
лампа	전등	여성	лампы
ресторан	식당	남성	рестораны
стакан	컵	남성	стаканы
слово	단어	중성	слова
место	자리, 장소	중성	места
задание	숙제	중성	задания
песня	노래	여성	песни
бизнесмен	사업가	남성	бизнесмены
карандаш	연필	남성	карандаши
учитель	선생님	남성	учители
человек	사람	남성	люди
аудитория	강의실	여성	аудитории

2

1 Чья
2 Чьи
3 Чей
4 Чьё

3

1 их
2 мои
3 её
4 наше

4

1 Чья это книга?
2 Чьё это кофе?
3 Чья это сестра?
4 Чей это брат?
5 Чей это стакан?
6 Это его учебник.
7 Это её шарф.
8 Это наше фото.
9 Это её духи?
10 Чья это мама?

11 Чей это дедушка? 12 Чьи это друзья?

УРОК 04

1

1 хорошая
2 умный
3 старый
4 талантливый
5 близкие
6 синее
7 новые
8 большая
9 добрая

2

남성	여성	중성	복수
красный цвет	красная площадь	красное море	красные волосы
빨간색	붉은 광장	홍해	빨간 머리카락
интересный факт	интересная история	интересное кино	интересные книги
재미있는 사실	재미있는 역사	재미있는 영화	재미있는 책들
холодный ветер	холодная война	холодное сердце	холодные напитки
차가운 바람	냉전	차가운 심장	차가운 음료

3

1 Этот компьютер очень большой.
2 Эта юбка маленькая.
3 Это новая ручка.
4 Какая хорошая квартира!
5 Ты какой умный ребёнок!

4

1 Какая это футболка?
Это чёрная футболка.
2 Какой это подарок?
Это маленький подарок.
3 Какой это проспект?
Это длинный проспект.
4 Какое это мясо?
Это свежее мясо.
5 Какие это брюки?
Это широкие брюки.

УРОК 05

1

뜻	장소(~에)
서울	в Сеуле
모스크바	в Москве
한국	в Корее
러시아	в России
사전	в словаре
전시회	на выставке
방	в комнате
섬	на острове
은행	в банке
기차역	на вокзале
박물관들(복수)	в музеях

2

1 Я на Московской станции.
2 Я в Большом театре.
3 Я в российском посольстве.
4 Я в Нижнем Новгороде.
5 Я на Красной площади.
6 Я в Летнем саду.

3

1 Где твоя сестра?
2 Она в университете.
3 Где твой друг, Олег?
4 Он на почте.
5 Где вы?
6 Мы на уроке.
7 Масленица в марте.
8 В каком здании офис?
9 Наша квартира в новом городе.
10 예시 Я родилась в январе.

4

где / в центре / какой

УРОК 06

1

1 Мы слушаем музыку.
2 Что ты говоришь?
3 Вы любите Кимчи?
4 Он понимает по-русски.
5 Они работают в Самсунг.
6 Повар готовит блюдо.
7 Мальчики решают задачи по математике.
8 Муж дарит жене цветы.
9 Я утром читаю журнал.
10 Студенты много гуляют.
11 Вы курите сигареты?

2

по-русски / говорю по-русски / по-русски / Это дом

3

1 Я кореец. (남성인 경우) / Я кореянка. (여성인 경우)
2 Ты изучаешь китайский язык?
3 Мы читаем по-русски.
4 Он китаец и она японка.
5 Они русские и говорят по-английски.
6 Я не понимаю по-русски.
7 Он хорошо говорит по-корейски.
8 Она казашка.
9 Вы говорите по-узбески?

УРОК 07

1

1 Он слушает музыку.
2 Я знаю Александра.
3 Кого ты выбираешь на выборах?
4 Вы изучаете экономику?
5 Олег и Наташа часто смотрят фильмы.
6 Мы приглашаем Вас.
7 Она пишет роман.
8 Ты знаешь Антона?
9 Вы помните меня?
10 Где ты покупаешь одежду?

2

1 Он слушает русскую музыку.
2 Я знаю этого человека.
3 Мы ищем новую коллегу.
4 Вы изучаете международную экономику?
5 Олег и Наташа часто смотрят корейские фильмы.
6 Они приглашают известного врача.
7 Она пишет исторический роман.
8 Ты знаешь опытного специалиста?
9 Где ты покупаешь зимнюю одежду?

3

его(этого человека) / 우리의 새로운 / лекцию / помощника

УРОК 08

1

1 пятнадцать рублей
2 двадцать два рубля
3 пятьсот рублей
4 один доллар
5 шестьдесят три доллара
6 сто долларов
7 тридцать один рубль

2

1 учебник этого мальчика

2 квартира моей тёти
3 дети его старшего брата
4 муж нашей учительницы
5 крыша большого здания
6 хозяин новых машин
7 директор отдела
8 стихи Пушкина
9 День Победы
10 факультет русского языка

3

1 Заходите пожалуйста! Садитесь!
2 Дайте мне воду.
3 Решай эту проблему.
4 Отдыхайте дома.
5 Купите учебники до понедельника.
6 Начинайте писать упражнения.

4

1 У меня завтра есть планы.
2 У меня завтра нет планов.
3 У него есть здание.
4 У него нет работы.
5 У неё есть сыновья.
6 У неё нет брата.
7 У них нет обезболивающего лекарства.
8 У вас есть русско-корейский словарь?

УРОК 09

1

1 может　　2 могу
3 можем　　4 может
5 можешь　　6 может
7 можете

2

1 хочет, хочет　　2 хотите
3 хотят　　4 хочу
5 хотим　　6 хочешь

3

1 О чём это статья?
2 Это статья о корейской культуре.
3 Мы говорим об экономике.
4 Они пишут о русской культуре.
5 Профессор и студент спорят о результате исследования.
6 Я мечтаю о путешествии по России.
7 Друзья хотят узнать о тебе.

4

1 Ты очень хорошо говоришь по-русски!
2 Конечно! Я занимаюсь много.
3 Корейцы любят петь о любви.
4 Вы можете готовить борщ?
5 Мои родители не хорошо понимают меня.
(= Мои родители не могут хорошо понимать меня.)

УРОК 10

1

1 Здесь можно курить?
2 Завтра можно купить билеты?
3 Вам нужно пить лекарство.
4 Нам нужно оплатить за учёбу.
5 Нельзя много играть в компьютерные игры.
6 Здесь нельзя фотографировать.
7 Мне надо сдать экзамен.
8 Нельзя пить алкоголь в парке.
9 Можно получить контакт Сергея?
10 Где можно парковать машину?

2

1 Я люблю корейские машины.
Мне нравятся корейские машины.
2 Ты любишь Москву?
Тебе нравится Москва?

3 Мы любим чёрный чай.
Нам нравится чёрный чай.
4 Он любит К-поп музыку.
Ему нравится К-поп музыка.
5 Бабушка не любит кота.
Бабушке не нравится кот.
6 Она любит Владимира.
Ей нравится Владимир.
7 Вы любите европейская литература?
Вам нравится европейская литература?
8 Студенты не любят математику.
Студентам не нравится математика.

3

1 예시 Да, мне нравится смотреть телевизор. / Нет, я не люблю смотреть телевизор.
2 예시 Я люблю заниматься дома. / Мне нравится заниматься в библиотеке.
3 예시 Я учусь. / Я работаю.
4 예시 Я хочу изучать русский язык. / Я хочу изучать грамматику.
5 예시 Я люблю играть в теннис. / Я люблю читать книги.

УРОК 11

1

1 Она видела его фотографию.
2 Мы смотрели корейский фильм.
3 Моя семья купила новую квартиру.
4 Что вы делали вчера?
5 Я готовил(а) вкусный торт.
6 Начальник пригласил нас на встречу.
7 Раньше они жили в старом общежитии.
8 Преподаватель спросил меня, и я ответил(а).
9 На женский день я подарил жене цветы.
10 Собака долго спала на подушке.

2

1 Он мечтает стать хорошим бизнесменом.
2 Ребёнок рисует красным карандашом.
3 Эти студенты будут великими профессорами.
4 Я занимаюсь разными иностранными языками.
5 Корейский ресторан – между книжным магазином и почтой.
6 Мы готовим пироги с мясом и овощами.

3

1 С чем вы хотите кофе?
2 Я хочу кофе с молоком.
3 Я пью чай с сахаром.
4 Мы с ним часто играем в футбол.
5 Очень рада с Вами познакомиться!
6 Дети изучают английский язык с хорошими учителями.
7 Папа разговаривает с мамой.
8 Он познакомил меня с новым инженером.
9 Настя встретилась с молодым художником на выставке.
10 Я должен поговорить об этом с женой.

УРОК 12

1

1 ездили	2 ехали
3 шёл	4 ездили
5 ездили	6 ехали, ехали
7 ходят	

2

1 на машине
2 в больницу
3 в университетскую библиотеку
4 со стадиона

5 на автобусе
6 в общежитие
7 на рынок
8 к бабушке в деревню

3

1 Давай пойдём в Эрмитаж!
2 Давай поедем в Европу!
3 Давай пойдём на экскурсию!
4 Давай пойдём в бассейн!
5 Давай поедем в Китай!
6 Давай поедем на Чёрное море!
7 Давай пойдём в книжный магазин!
8 Давай пойдём в торговый центр!
9 Давай пойдём на футбольный стадион!

4

чувствуете / болит / Можно / высокая / насморк / был / должны / Можно / говорите / нельзя

УРОК 13

1

1 встал	2 выучила
3 получила	4 спросил
5 посмотрим	6 отдохнул
7 сходил	8 идём
9 буду учиться	10 пишет
11 опаздывают	12 позвоню

УРОК 14

1

1 Что вы сказали нашему гостю?
2 Кому ты звонишь?
3 Брат обещал маме не пить алкоголь.
4 Однокурсники дали новому студенту книги.
5 Экскурсовод рассказывает иностранным туристам об истории этого города.
6 Беременным женщинам уступайте места.
7 Анне всегда помогает Владимир.
8 Покажи нам твою кошку!
9 Мы подарили цветы известному актёру.
10 Я советовала русским подругам слушать корейскую музыку.

2

1 Моей жене нравится новая квартира.
2 Этому городу уже 500 лет.
3 Студенты усердно готовятся к экзамену.
4 Иностранным дизайнерам интересно знакомиться с корейскими артистами.

3

1 времени	2 2 часа
3 Во сколько	4 в 12 часов
5 долго	6 1 час

4

1 2 (два) часа
2 7 (семь) часов 25 (двадцать пять) минут
3 1 (один) час 40 (сорок) минут

5

1 Она изучает корейский язык **1 (один) год**.
2 Вчера мы гуляли в парке **2 (два) часа**.
3 Ты можешь мне позвонить **через 30 (тридцать) минут**?
4 Обычно отец завтракает **в 7 (семь) часов**.
5 Но, он сегодня позавтракал **в 9 (девять) часов**.

출판사, 저자, 강사, 독자가 공존하기 위한 문예림 정책
평등한 기회와 공정한 정책으로
올바른 출판문화를 이끌도록 하겠습니다.

저 자

1 도서의 판매부수에 따라 인세를 정산하지 않습니다.
우리는 도서 판매여부와 관계없이 초판, 증쇄 발행 후 30일 이내 일괄 지급합니다. 보다 좋은 콘텐츠 연구에 집중해주십시오. 판매보고는 반기별로, 중쇄 계획은 인쇄 60일 전 안내합니다.

2 도서 계약은 매절로 진행하지 않습니다.
매절계약은 불합리한 계약방식입니다. 이러한 방식은 저자들의 집필 의욕을 저해시키며, 결국에는 생존력 짧은 도서로 전락하고 맙니다.

3 판매량을 기준으로 절판하지 않습니다.
판매량에 따라 지속 판매 여부를 결정하지 않으며 전문성, 영속성, 희소성을 기준으로 합니다.

강 사

1 동영상강의 콘텐츠 계약은 매절로 진행하지 않습니다.
우리는 강사님의 소중한 강의를 일괄 취득하는 행위는 하지 않으며, 반기별 판매보고 후 정산합니다.

2 유료 동영상강의 인세는 콘텐츠 순 매출액의 20%를 지급합니다.(자사 사이트 기준)
우리는 가르침의 의미를 소중히 알며, 강사와 공존을 위하여 업계 최고 조건으로 진행합니다.

3 판매량에 따라 동영상강의 서비스를 중단하지 않습니다.
판매량에 따라 서비스 제공 여부를 결정하지 않으며 지속가능한 의미가 있다면 유지합니다. 전문성, 영속성, 희소성을 기준으로 합니다.

독자 및 학습자

1 도서는 제작부수에 따라 정가를 정합니다.
적절한 정가는 저자가 지속적인 연구할 수 있는 기반이 되며, 이를 통해 독자와 학습자에게 전문성 있는 다양한 콘텐츠로 보답할 것입니다.

2 도서 관련 음원(MP3)은 회원가입 없이 무료제공됩니다.
원어민 음원은 어학학습에 반드시 필요한 부분으로 아무런 제약 없이 자유롭게 제공합니다. 회원가입을 하시면 보다 많은 서비스와 정보를 얻으실 수 있습니다.

3 모든 콘텐츠는 책을 기반으로 합니다.
우리의 모든 콘텐츠는 책에서부터 시작합니다. 필요한 언어를 보다 다양한 콘텐츠로 제공하도록 하겠습니다.